祝・日中平和友好条約締結45周年

大森和夫先生
大森弘子先生
中国の日本語教育支援
35周年
記念出版

私の日本語作文指導法

日本語教師による体験手記

段躍中 編

日本僑報社

監修の言葉

「日中友好」を支え続ける「日本語教師」の「奮闘記」

～三十五年間の「中国との日本語交流」を振り返る！～

国際交流研究所所長　大森和夫
「日本語教材『【日本】という国』」編集長　大森弘子

1993年4月。第一回・中国の大学生『日本語作文コンクール』」(通算5回目の世界の「日本語作文コンクール」)の表彰式。

日中平和友好条約が締結されて四十五周年。私どもの「中国の日本語学習者との交流活動」は、三十五年になりました。日本僑報社が、この年に、「中国の大学の日本語教師が書いた作文指導体験手記」を一冊の本として出版されたことは、中国の日本語教育を一層、充実・発展させ、特に、中国の大学生の「日本語作文を書く力」を高める上で、とても有意義なことであり、日本人として嬉しいことです。

中国の大学の「日本語教師」の皆さんは、「日中友好」の基盤を支える上で大きな貢献をしています。本書の「作文指導体験手記」を読んでも、そのことが分かります。また、私どもは、中国の人たちと三十五年間、日本語交流活動を続けてきましたが、その体験を通しても、大学の「日本語教師」の方々の日頃の努力が、「日中交流」の主軸として、「日中友好」に貢献されていることを実感してきました。本書は、「日中友好」を支える日本語教師の「奮闘記」です。

～一九八九年十二月、初めて、中国を訪問～

「日本を批判したり、日本を嫌いになって帰国したりする留学生が案外多いです」――一九八八年九月、大森和夫が新聞記者として取材をした東京大学大学院の中国の留学生・胡東旭君（北京農学院卆）の一言がきっかけで、「日本と日本人をもっと知ってもらおう」と「日本語交流活動」を始めました。

私どもが初めて中国を訪問したのは、一九八九年十二月です。

その年の三月に創刊した日本語学習・情報誌「季刊誌『日本』」を通して知り合った中国の留学生四人（一橋大学二人、東京医科歯科大学一人、大東文化大学一人）の案内で、北京と上海を旅行しました。「中国の素顔を、日本人に知ってもらいたい」と、彼らが各方面に働きかけてくれたおかげで、中国教育国際交流協会、人民日報、上海社会科学院、和平発展研究所、華東師範大学、上海国際語言進修学院（いずれも、当時）の関係者と会って、「中国人の対日観」や「日本人の対中観」などについて、意見交換しました。

中国の人たちから、「日本を非難しながら、日本語を勉強している学生が少なくない」、「日本語を通して、中国と日本の文化面の交流のパイプ役を果たしてほしい」、「日本語を勉強している学生の教材が古いので、日本理解に役立つ教材や今の日本がわかる教材を紹介してほしい」など、様々な声を聞き、交流活動の重要性を改めて認識しました。

華東師範大学では、五十人を超える日本語学部の学生と交流し、中国で、多くの学生が日本語を勉強し、日本に熱い眼差しを注いでいる実情に、初めて接しました。そして、学生たちに、「日本を知ってもらうための季刊誌『日本』の発行を始めたので、皆さんの希望に沿うような活動を続けたい」と約束しました。

2006年10月。「第一回・中国の大学院生『日本語作文・スピーチ・討論コンテスト』」（通算13回目の世界の「日本語作文コンクール」）の「表彰式」後の懇親会（北京市）。

三年後の一九九二年九月、天津市の南開大学を訪問。王健宜先生が東京外国語大学と青森大学に留学していた時、私どもの「季刊誌『日本』」を通して知り合い、招待して頂きました。「中国の大学の日本語教育」について、話し合い、王先生が「中国の大学生の日本語能力、特に、作文力を高めるために、『日本語作文コンクール』を開催してほしい」という要望を出されました。「中国の大学生対象の『日本語作文コンクール』」をスタートさせ、翌年の一九九三年四月、「第一回」の表彰式を南開大学で行いました。

一九九三年十月には、大連市の東北財経大学、遼寧師範大学、大連民族大学を訪問しました。東北財経大学では、「季刊誌『日本』」を使った方愛郷先生の日本語授業を参観し、日本語科二年の学生十七人が披露した「桃太郎」劇や紙芝居「笠地蔵」などの文化祭を楽しませてもらいました。日本人教師の恒成巧・綾子先生が「季刊誌『日本』」に掲載した『日本の昔話』を参考に台本を書き、衣装などを作り、学生は三週間以上、練習を重ねたという。遼寧師範大学では、金榮一先生の日本語授業を参観し、曲維先生、日本人教師の高島康子先生らと懇談したあと、約百五十人の日本語科の学生と交流しました。

一九八九年から約四年間に、中国のいくつかの大学を訪問し、「日本語」に真剣に取り組んでいる「日本語教師と学生」の姿に接したことは、私どもにとって、貴重な経験でした。「中国の日本語学習者に、もっと日本を知ってもらい、日本を理解してもらうことが、日中友好を深めるために必要だ」と痛感しました。

～中国に、「ありがとう！」と「ごめんなさい！」～

三十五年間に四十数回、中国を訪問しましたが、その際、中国の大学を訪問し、日本語学部の学生と懇談したのが楽しい思い出です。

私どもは、「日本人の一人として、中国と中国の人々に対する『感謝』と『お詫び』の気持ちを持ち続けています」という話をしました。日中の長い交流の中で、中国から伝えられた漢字や仏教やお茶等々によって、たくさんのことを学び、日本の文化は豊かになりました。『感謝』は、そのことへの「ありがとう！」です。一方で、日本が中国を侵略した過去があります。『お詫び』は、そのことへの「ごめんなさい！」です。

2013年。寄贈した「日本語教材【日本】」を使った授業風景
＝新疆師範大学

日本と中国は、アジアだけでなく世界の平和と繁栄のためにも、理解し合い、友好を深めていかなければならない国同士です。しかし、真の日中友好を実現するのは容易なことではありません。表面上の交流は簡単ですが、心からお互いを理解し合い、信頼し合うことは、大変難しいことです。「交流は易し、されど、理解は難し」が現実です。従って、人と人との交流と理解を深める「民間交流」が益々重要です。

日中間が、「靖国問題」などで「政冷」の時も、日本語教師の日本語教育への情熱は変わりませんでした。中国の日本語教師や日本語を学ぶ多くの学生が「日中友好」の大きな〝架け橋〟の役割を果たしていることを実感した三十五年間でした。日本語教師の方々の更なる努力によって、「日本語」という言葉の力が中国の若者の心にしみ込んで、「日中友好」の気持ちを育み、「日中友好」の花が咲き乱れる日が来ることを願っています。

〜〝複雑な思い〟を抱く、中国の学生たち〜

活動を続けてきて、中国の学生の意識の根底に、「旧日本軍の侵略戦争による祖父母や親族の辛い体験と歴史教育」による「日本と日本人への恨み、憎しみ、怒り」があったのを感じていました。一九八九年以降、『日本語作文コンクール』に応募した中国の学生の作文（四万編超）を読みました。そして、「日本語教材」を通して交流した学生の感想等から、学生の複雑な心情を知ることが出来ました。

「日本人の『戦争』に対する反省が足りない」という学生。

「『日本人が怖い』―これが、おばあさんが伝えた日本人の第一印象だった」という学生。

「日本民族が好きになれない」という学生。

「どうして日本語を選んだんだ！」と、父に怒られた学生。

「日本の首相の靖国神社参拝は、中国人の心を逆なでします」という学生。

「日本への憤り」を抑えて、「自らの日本語学習意欲」を駆り立てる学生。

2016年。「日本語教材『新【日本】概況』」と

「経済大国・日本」に憧れを抱く学生。

「日本人から学ぶことがいっぱいある」という学生。

「『日本が好きだ』と言える日が来るように！」と願う学生。

「もし、日本語を勉強しなかったら、一生、日本を恨んでいたかもしれない」という学生。

「『日本語作文コンクール』に入賞して日本語の勉強に自信が湧いてきました」という学生。

「日本語教材『日本』を読んで、《日本への偏見》が解けていきました」という学生。

「普段着で、自然体で付き合える中日関係になってほしい」と願う学生、等々。

〜「日本語学部」の教師と学生は、「日中友好」の真の〝架け橋〟〜

中国の大学で日本語を学ぶ多くの学生たちが、私どもが独自に作成した各版の「日本語教材」を活用し、「日本語作文コンクール」に応募して頂いたことは、大きな喜びです。各版の「日本語教材『日本』」の出版・寄贈と、『日本語作文コンクール』の開催を中心とした「中国との日本語交流活動」を三十五年間続けることが出来た大きな言動力になりました。

そうした中国の学生の「日本語作文」の内容は、個人の環境だけでなく、その時々の政治情勢や日中関係が影を落としていました。学生が「日本語」を学ぶようになった理由も様々です。しかし、「日本の侵略戦争」による〝心の傷〟を抱えている中国の人々が少なくない今も、多くの学生が、「日本語」を通して、「日本と日本人」に熱い眼差しを向け続けていることも事実です。

中国の大学で日本語を学ぶ多くの学生たちが、私どもが独自に作成した各版の「日本語教材」を活用し、「日本語作文コンクール」に応募して頂いたことは、大きな喜びです。

「日本語教師」の皆さんの指導で、日本語学習の意欲を高め、日本に対する理解を深め、日本への親しみや好意を持つようになっていった学生が、如何に多いことか！多くの学生が、日本留学を決意したり、卒業後、日本語教師になったり、「日本語」を活かした仕事に就いています。

日本語を学ぶ多くの学生と「日本教師」の皆さんは、「日中友好」の真の〝架け橋〟です。

中国の大学の日本語学習者が増え、「日本語教師」の皆さんのご指導で「日本理解」が一層進んで、「日中友好」が深まって、「安定して揺るぎない」日中関係が築かれることを願っています。

大森和夫（おおもり かずお）
一九四〇年、東京都生まれ。早稲田大学政治学科卒。朝日新聞記者（大分支局、山口支局、福岡総局、大阪・社会部、政治部、編集委員など）を経て、一九八九年（平成元年）一月、退社。国際交流研究所を開設。

大森弘子（おおもり ひろこ）
一九四〇年、京都府生まれ。京都女子大学短期大学部家政学科卒。京都府・漁家生活改良普及員（三年間）。「日本語教材『【日本】という国』」・編集長。

目次

監修の言葉

特別寄稿

大森賞受賞感想文

私の作文指導法

「大森和夫先生・大森弘子先生」と「中国の日本語教育」

特別寄稿

（八人。敬称略）

遼寧師範大学元副学長（遼寧省大連市）　曲　維
外交学院、北京旅游学院の元日本語教師（愛知県名古屋市）　谷川栄子
大連工業大学外国語学院学院長（遼寧省大連市）　劉　愛君
NPO日本語スピーチ協会理事長（福島県広野町）　笈川幸司
駒澤大学グローバル・メディア・スタディーズ学部教授（東京都）　高　媛
大連海事大学外国語学院教授（遼寧省大連市）　陶　金
福州大学外国語学院日本語学科副教授（福建省福州市）　黒岡佳柾
貴州民族大学外国語学院日本語学科准教授（貴州省貴陽市）　李　海

特別寄稿

「日本語交流の歴史」に刻まれる大森先生ご夫妻

～「大森大学校」寄贈の「逸話」＝感謝と敬愛の念～

遼寧師範大学元副学長　曲　維

今年は中日平和友好条約締結四十五周年であり、両国にとって非常に有意義で節目の年だ。この半世紀に近い歴史を振り返って、記録すべき人物や出来事がかなり多い。日本語教育の仕事を三十五年間続けてきた人間として、どうしても大森和夫先生ご夫妻のことを書き記しておきたいと思う。

〰〰〰〰〰〰〰

タイトルに、「大森大学校」寄贈の「逸話」＝という言葉を使ったわけを述べよう。

中国の「大平学校」は、知っている人が少なからずいると思われる。一九八〇年に北京言語学院に設立された「日本語教師研修センター」は、大平正芳首相（当時）のご訪中をきっかけに誕生した施設なので、通称「大平学校」と呼ばれている。同センターは五年間で通算六百名ほどの若手教師を養成し、中国の日本語教育の発展に大きな役割を果してきた。私も三期生として、一年間お世話になった。研修生の多くは、長年日本語教育の第一線で活躍し、リーダーシップを取っていた教師も少なくない。例えば、胡振平（洛陽外大）、譚晶華（上海外大）、徐一平（北京外大）、李愛文（対外経貿大）等々、これらの

1996年。「大森日本学習中心」の贈呈式。遼寧師範大学で。左が朱学長。

教師は後に、大森和夫先生ご夫妻の良き理解者になり、いろんな時点で応援をしていただいた。

中日関係の発展は、常に「官」と「民」の両輪で支えられている。「大平学校」は典型的な「政府間の交流」に対して、大森和夫先生ご夫妻の事業は「民間交流」の代表的なものの一つと言えよう。三十五年来、大森和夫先生ご夫妻は「国際交流研究所」の名の下で、莫大な私財と労力を費やして、「手作りの日本語交流」をなさってきた。当初の「季刊誌『日本』」は、「日本語教材『日本』」変身して、何度も、出版され、現在は、「電子書籍」として全世界に発信されている。『日本語作文コンクール』も二十六回継続された。

大森和夫先生ご夫妻によって企画実施されたプロジェクトは、「持続時間が長くて、影響力が大きい」という特徴がある。その恩恵を受けた者は、おそらく十数万人にも上っているだろう。名実ともに「前人未到」の境に達している。「国際交流研究所」は、確かに立派な建物もなく、ご夫妻以外には職員もいない。私は現役時代、いつも誇りを持って、「大森

1996年．大森弘子文庫（遼寧師範大学）。

大学校」と名付て周りの人々に紹介していた。

この機会に、世間にあまり知られていない「大森大学校」に関する「逸話」を二つほど、披露したい。

まず、「遼寧師範大学・大森日本学習研究中心（センター）」創立の経緯について話をしたい。一九九六年春、本学に設立されたこの施設は、当時、中国の日本語教育界では大きな話題を呼んだ。実は、同センターの設立は、〝善意の嘘〟からスタートした。私と大森和夫先生と知り合ったきっかけは、ご夫妻が創刊した「季刊誌『日本』」だった。京都に留学していた時、たまたま、留学生センターで読んだが、その素晴らしい文章ときれいな写真に魅了されて、帰国後、すぐ大森和夫先生にご寄贈をお願いした。以後、ご夫妻から、毎回百冊以上の「季刊誌『日本』」が送られきた。学生たちの「最も好きな副教材」になったのである。後に人的な交流を重ねて、本学の日本語科の教師と学生にとって、大森和夫先生ご夫妻は正に「良師益友」のような存在になった。

そして、某日、大森和夫先生から、「ある日本人が、遼寧師範大学に施設・日本語図書を寄付して、中国の日本語教育を支援したい……と言っている」というお便りを頂いた。「国の大学が日本人個人から資金援助を受けて施設を作る」ということに抵抗感のあった私は、朱誠如学長（当時）に相談を持ちかけた。朱学長からは、「大森先生はジャーナリストで、いろんな資産家の知り合いがいるだろう。遠慮なくご支援をいただいたらいいじゃないか」という返事を受けた。後で、「ある日本人」イコール大森和夫先生ご夫妻ということが分かった。その時、涙が出るほど感激したのを覚えている。結果として、遼寧師範大学に『大森日本学習研究センター』という立派な施設が出来て、学内外の教師と大学院生が、会議室を利用したり、「大森弘子文庫」の図書や資料を利用していた。

次に、「大森大学校」から多くの優秀な人材が輩出されたことだ。私の周りにも『日本語作文コンクール』の上位受賞者が何人もいるが、皆、立派な日本語教師になっている。例えば、劉愛君（大連工業

2000年。遼寧師範大学で。後列右から２人目が筆者。

大）、陶金（大連海事大）、瀋陽（大連外大）等々。現在、全国の日本語科大学生の憧れの的になっている笈川幸司先生も、この『日本語作文コンクール』の大舞台が縁で、「頭角」を現した一人と言える。二〇〇六年十月、北京外大日本学研究センターで行なわれた「中国の大学院生『日本語作文・スピーチ・討論コンテスト』」の「最終審査と表彰式」で、司会者に「日本語堪能な徐一平先生」に白羽の矢が立ったが、徐一平先生が笈川幸司先生を推薦、大森先生ご夫妻の了承の下で、笈川先生に決まった。時には涙を浮べながらマイクを握った笈川先生の姿を見て、審査員の多くも涙ぐむ場面もあった。舞台経験豊富な笈川先生だけあって、司会も余裕があり、寛厳よろしきを得て、素晴らしい表彰式になった。当時の情景は、今でも懐かしく思い出される。

〰〰〰〰〰

長年にわたる、「独自の日本語教材」の寄贈、『日本語作文コンクール』の開催等々――「本当にご苦労様でした！」。大森先生ご夫妻に対する感謝の気持ちは言葉では言い表せない。

良好な「中日関係」を末永く継続するには、中日双方の弛まぬ努力が必要だ。政治家や政府高官の相互訪問は勿論大事だが、広範な国民、特に将来を担う若者同士の「民間交流」が最も重要だと思う。相手国の言葉の学習と人々の交流によって、相互理解が深まり、相手国に対する親しみも高まる。これからも、中国における日本語教育を充実させ、発展させることが必要だ。この意味でも、中国の日本語教育に対する大森先生ご夫妻の「功績と貢献」は、高く評価され続けるだろう。

曲維（きょくい）一九五三年、中国遼寧省大連市生まれ。一九八二年、遼寧師範大学外国語学部日本語科卒。北京「大平学校」の三期生として一年間研修。日本・同志社大学玉村文郎先生研究室で三年間留学。愛媛大学で専任講師として二年間教鞭を執り、その後、遼寧師範大学外国語学院教授、副学長として、二〇一八年定年退職まで主に日本語教育と大学管理の仕事に従事。元遼寧師範大学副学長。元大連市政治協商会議副主席。元中国日本語教育研究会副会長。

特別寄稿

日中間の日本語交流の「先駆者」であり、「お手本」

～日中の事情に精通する重要な人材を育成～

外交学院、北京旅游学院の元日本語教師　谷川栄子

大森和夫・弘子ご夫妻の「中国の日本語教育支援三十五年周年」の活動が、「中国の日本語教育」および「日中友好」に果たした貢献として、次の三点が挙げられます。

～～～～～～～～

第一に、一九八九年に始まった日本語学習の季刊誌『日本』の発行と無料配布、およびその後の各版の「日本語教材【日本】」の作成と中国各地の大学への寄贈、さらに「デジタル版・日本語教材『【日本】という国』」のネット無料公開です。自分が日本語教育に携わっていた八〇～九〇年代当時の中国の日本語教育界では、新しい生きた教材、広範囲で網羅的な内容を持った教材が不足しており、それは時に学生の学習意欲の低下につながることもあり、また教師も限られた新聞や雑誌等から自ら材料を選び、それらを教材化することもなかなか大変な作業でした。「日本語教材【日本】」は、それらを補う意味でも大変重要な意義を持っていました。

第二に、計二十六回行われた『日本語作文コンクール』の実施です。私は何回か日本側の二次審査をさせていただきましたが、日本語の文章も内容も大

中国・北京の外交学院の学生たちと（1988年）

変素晴らしく、日本や日中関係について真剣に考え主張する彼らの姿勢には、我々日本人も頭が下がる思いでした。『日本語作文コンクール』は、中国で日本語を学ぶ大学生達に大きな目標と励みを与えるとともに、多くの中国さらには世界に広がる日本語学習者を輩出するきっかけとなりました。自分も中国の大学及び日本の大学において教鞭を執る中でこれら作文コンクールの優秀な作文が大きな励みと感動、そして将来の交流につながる希望を強く感じました。

第三は、一九九九年三月から二〇一五年三月まで計四回行われた「中国の大学生のアンケート調査」です。日本語を学ぶ学生が対象ということで、一般人とは多少異なるかもしれませんが、むしろ日中双方をめぐる状況に通じた若者の、体験に根差した真摯な思いを知ることができました。

その中で、特に問題とされたのは、やはり「歴史認識」をめぐる問題です。現在および今後の日中関係を考える上で、「歴史」と「戦争」は決して避けては通れない問題です。〝歴史の国〟中国では、歴史を鑑として今を、そして未来を考えるのが基本です。日本ではよく「いつまで謝罪すればいいのか」ということが議論となりますが、「謝罪」とは、こちらの都合ではなく、相手が「それはもういいよ」「許す」と言った時に初めて済むことであり、それはまた、互いを必要とし尊敬し合えるような関係を草の根において築いていくことによってしか真の解決はないと思います。

〰〰〰

そうした意味でも、大森夫妻の様々な活動を通して育った若者達は、日中両国の事情に精通する重要な人材として、今後の活躍が期待されます。こうした草の根の地道な交流と人材の育成、すなわちソフトパワーこそ、今後の日中関係ひいては世界の平和に大きく貢献するはずです。なぜなら、真の〝国際関係〟は人と人との交流、すなわち〝人際関係〟によってしか築くことはできないし、それによってのみ真の相互理解も可能になるからです。

したがって、むしろ関係が悪い時ほどお互いに交流を密にし、理解を深めなければならないと思います。二〇〇〇年の小泉首相の靖国参拝、二〇一二年の尖閣諸島国有化を巡る問題から一部の先鋭化した活動家による日系企業襲撃、二〇一五年安倍首相の靖国参拝に対する反日デモや日系企業の打ちこわし等、日中間ではこれまでもしばしば問題や衝突が発生し、その度に新聞やネットでも依然として「日本鬼子」「小日本」等の言葉が見出しを賑わしていました。また現在でも、台湾との関係を含めて日中間の関係は大変微妙で、決していい関係ではありません。

〰〰〰

そんな中で、問題解決のヒントになるのは、孔子以来の「敬而遠之（敬してこれを遠ざける）」という姿勢です。歴史問題にしても領土問題にしても、そう簡単に解決できる問題ではありません。だから、ひとまずそれは置いておいて、未来に向けて今できること、互いに協力し共に活動できることをどんどん進め、その経験を積み重ねていくことが大切。つまり、大森さんご夫妻のこれまでの姿勢、やられてきた活動そのものです。相手を批判し対抗するのは簡単であり、ネットで離れていても可能です。しかしながら、協力し共に活動することは近づかなければできません。そして実際、こうした活動・行為によってしか共感は生まれず、相互理解も深まることはありません。

私達は互いに日本語を教え、中国語を学ぶことによって、ますます痛感することは、日本文化にとって中国文化の存在が如何に大きい存在であるかということ、その結びつきの深さです。それを今後も互いに協力発展させていくことができると信じます。その意味でも、大森さんご夫妻の足跡は、私達日中双方の教育に携わる者にとって、改めて大変重要で大きな意義を持つものであると思います。

〰〰〰〰〰〰

日中は、しばしば「一衣帯水」の国と形容されます。また「過去は変えられないけれど、未来を変えることはできる」とよく言われます。日中間の地理

中国・北京の外交学院の学生たちと（1991年）

的位置、また歴史的関係を変えることはできません。それを前提としつつ、より良い未来のために今できることを考え、互いに努力していくことが最も大切ですが、大森さんご夫妻の実践は、その為の大きなヒントを与えてくれる素晴らしい「お手本」であると思います。

谷川栄子（たにがわ えいこ）
一九五六年生まれ。東京学芸大学大学院修士課程（教育学研究科社会科教育専攻）修了。埼玉県の小学校勤務を経て、一九八六年から八九年北京語言学院・北京大学歴史系に留学。一九八八年九月から一九九六年八月まで八年間、北京の外交学院、北京旅游学院で日本語教師。現在、㈱ Will National First Academy 代表取締役。中国語・中国整体のスクール・サロンを経営。名古屋市在住。

特別寄稿

中日両国の民間交流史に特筆すべきご夫妻の活動

～三十五年間の〝二人三脚〟に大きな感動～

大連工業大学
外国語学院学院長　劉愛君

中日平和友好条約締結四十五周年を迎えた佳節に、大森和夫・弘子先生の中国における日本語教育支援三十五周年を記念するご出版、誠におめでとうございます。

周知のとおり、中日関係は国交正常化が実現する一九七二年以前から「民をもって官を促す」という民間主導の形で進められてきました。中日関係の発展こそアジア、そして世界の平和と繁栄に不可欠との信念のもと、「井戸を掘った」両国の先達が、努力に努力を重ねて、友好の道を開いてきたのです。以来、各分野における民間交流はいっそう活発に行われ、両国の相互理解と協力を促進する上で重要な役割を果たしています。そんな中、両先生は中国人の日本語学習者・教育者との交流を中心に三十五年もの間、活動を展開されてきました。そのご貢献は、中国の日本語教育史にとっても両国の民間交流史にとっても特筆すべきものであります。

〰〰〰〰〰〰

一九八九年（平成元年）に朝日新聞社を辞めた大森和夫先生は、「国際交流研究所」を立ち上げ、弘子先生とともに莫大な私財を投げ打って、日本語を通

2010年に出版した『大森和夫・弘子夫妻に聞く！』（劉愛君・陶金＝共著）

2001年3月に「日本語作文コンクール」で最優秀賞に選ばれ訪日、東京都練馬区上石神井の大森宅にて撮影（中央が筆者）

して中国との交流活動を続けてこられました。季刊誌「日本」の発行と無料配布、「日本語作文コンクール」の実施、大規模な「アンケート調査」、「日本語教材」の編集と寄贈、私の母校・遼寧師範大学（大連市）へ「日本学習研究中心」の贈呈と「日本語学校」（上海市）の設立、また、電子書籍『デジタル版・【日本】という国』の公開、そして、世界の日本語学習者向けの「日本語作文コンクール」の主催の数々……中国だけでなく、世界にも発信するこの一連の交流活動は、目を見張るものです。「国際交流研究所」とはいえ、実際には、大きな組織や法人ではなく、大森和夫先生ご夫妻の３ＬＤＫのマンションにおける、まさに〝個人の活動〟でした。中国人学生の日本語学習、そして日本語教師の教育体験には大いに役に立ちました。また、作文コンクールに応募し、入賞したことが、日本語教育や中日友好交流を一生の仕事にするきっかけになった大学生もたくさんいます。ご夫妻の献身的な活動により、「自分の人生を変えた」、「日本に対するイメージや日本人観が変わった」、と言う学生も少なくありません。

私は大学院生時代の二〇〇〇年（平成十二年）に、大森先生ご夫妻が主催された「第一回『中国、韓国の大学生【日本語作文コンクール】』」（通算・第十三回「世界の日本語学習者『日本語作文のンクール』」に応募し、幸運にも最優秀賞に選ばれたのです。そのご褒美として、ご夫妻に招待されて日本を訪問、ご自宅で約一週間ホームステイを体験したことは、忘れられない思い出です。大森先生のご案内により、幅広い日本の人々と交流するチャンスに恵まれ、中日友好の輪を広げるという大きな使命を改めて自覚する旅となりました。以来二十年、ご夫妻とメールや手紙のやりとりはずっと続いています。日本語教育や中日交流について意見交換したり、さまざまなことについて、ご夫妻のお考えをお聞きしたりすることができました。時には、個人的な〝人生相談〟にも乗って頂きました。中国の日本語教育の発展のため、そして、中日友好の未来を育てるために一生懸命尽力された大森先生ご夫妻のご苦労やご貢献に深く感動を覚えています。「苦労より、楽しさが大きかった！　皆さんのお陰で、私ども夫婦の人生はとても豊かになりました。今、振り返ってみると、私どもが幸せな気持ちを持ち続けることができたことが、長年の交流活動が続いた秘訣かもしれません。」と、喜びに満ち溢れるようなご夫妻のお話、また女性として「主人を通して、何か世の中のためになりたい」という一途な思いで、苦楽を共に過ごされた弘子夫人のいつも変わらぬ優しい笑顔と強い信念にも心打たれます。そんなことから私は、ご夫妻と中国人の交流物語を、そして中国人の感動や感謝の気持ちをもっと多くの人々に伝えたいという思いから、二〇一〇年に『大森和夫・弘子夫妻に聞く！』（劉愛君・陶金著、曲維監修。日本僑報社刊）という一冊を出版させていただきました。それは、ご夫妻の〝二人三脚〟の歴史を記録したものであり、中国における日本語学習者・教育者からご夫妻に贈る感謝状でもあります。

大連工業大学での「日本語授業」風景（中央が筆者）

私も中国における日本語教育現場で、ご夫妻の編集・寄贈された「日本語教材【日本】」と「電子書籍『【日本】という国』」を活用し、ご夫妻と中国との物語を大学生たちに伝えています。「外国語を学ぶ目的は、外国の言葉を読んだり、話をしたりすることだけではありません。言葉を通じて、その国の社会や文化の本当の姿、人の考え方、心情などを理解してはじめて、真の友好の絆を深めることができます。」とは、大森先生が「日本語教材【日本】」の前書きに綴った言葉です。先生ご夫妻のお陰で、たくさんの中国の大学生が、この日本語教材を通して日本の自然、歴史、国土、政治、経済、社会、伝統文化、文学、言語、風俗習慣や行動様式などを勉強し、日本理解を深めることができたのです。そして、これからの中日友好を支える未来の力にも成長していきます。

「どんな時代であっても、両国の真の相互理解を願って頑張り続ける民間人の存在こそ、中日関係の支えであり、平和友好の原点である。中国と日本の交流を進展させ、末永い世界の平和を築き上げるエネルギーは、まさに民衆の中に、無名の一人一人の実際の行動の中にこそあるものだ」とは、ある哲人の言葉です。大森和夫・弘子先生ご夫妻の行動は、それを改めて示してくれたことに大きな意味があるのではないでしょうか。

〰〰〰

今後の中日関係においても、これまで以上に民間人の役割が期待されています。「行動は言葉に勝る」と言われます。ご夫妻のように自ら行動を起こし、身近な人との触れ合いの中にこそ、中日友好、世界平和への第一歩があると思います。私も日本語教師として、「一人でも多くの学生の心の中に中日友好の種を蒔き、その美しい花を咲かせよう」という深い使命感を持って、全力投球していきたいと願っています。

十年前、私は弘子先生にお誕生日のお祝いとして、短歌を贈ったことがあります。

「中日の　絆をむすぶ　ご夫妻の
　四半世紀　光り輝き」

それから、あっという間に十年間の歳月が流れ、ご夫妻の中国における日本語教育支援三十五周年を迎えることとなりました。中国人の日本語学習者・教育者にとって、ご夫妻の存在を決して忘れることができません。

大森和夫先生・弘子先生、本当にありがとうございました！

劉愛君（りゅう あいくん）
一九六八年中国・山東省栄成市生まれ、中国東北師範大学外国語学部日本語学科・遼寧師範大学大学院日本語教育修士課程・東北師範大学大学院日本文化博士後期課程卒、文学博士号取得。現在、大連工業大学教授、同大学外国語学院学院長、大連中日教育文化交流協会副会長。

特別寄稿

「中国の日本語教育」と「日中友好」に無心に貢献されたご夫妻

～「日本語作文コンクール」は、「最高の宝物」～

NPO日本語スピーチ協会理事長　笈川幸司

大森先生ご夫妻に初めてお会いしたのは、十七年前のことです。さらに、その五年前の二〇〇一年に中国で日本語教師になり、帰国する度に、書店で大森先生の「書籍」を見ながら、「いつか大森先生に会いたいなあ」と思い続け、憧れを抱いておりました。私には、二〇〇五年が一つの契機でした。大森先生ご夫妻は、日中関係がどのような状況になっても、全国レベルの『日本語作文コンクール』を続けているので、大森先生ご夫妻がどれだけ強い精神をお持ちなのか、知りたくなって、思い切って大森先生にメールを出しました。何度かやりとりの後、大森先生は私に「力になりたい」とおっしゃり、勇気を与えてくださいました。その日の感動は、今でも忘れることができません。

私は、いつも日本語活動を逐一、大森先生にご報告しています。すると、本当の親のように喜んでくださいます。正直な話をすれば、実の父親、母親以上の存在です。しかし、それは、私だけがそう思っているわけではなく、本当に多くの人たち、日本語を学んでいる中国人の先生方や学生たちにとって、

「日本語学習、会話、スピーチの秘訣」の「笈川特訓教室」

大森先生は、いつも変わらずやさしく応援してくれるお父さんとお母さんです。以前テレビ番組で、石破茂さんが田中角栄元首相のことを「無類の、見返りを求めない親切なおじさん」とおっしゃいましたが、その時、私が思い浮かべたお顔がふたつありました。大森先生ご夫妻こそ、無類の見返りを求めない親切なおじさんとおばさんです。

〰〰〰

私が北京大学で教鞭をとっていた時に、北京市各地の大学生たちが私の部屋に来て、スピーチや朗読、アニメのアフレコの練習をするようになり、その後、私は、中国各地の大学生向けに特訓合宿を開けるようになりました。二〇一一年九月、わたしは「中国全土の大学を訪問して、学生たちに新しい日本語学習方法について話したい」と相談させていただきました。そのとき、「もしかしたら大森先生にあきれられてしまうかな?」とも思って心配しました。しかし、大森先生はわたしのやりたいことをただ応援してくださっただけでありません。大森先生のお弟子さんと言って良いのか、教え子さんと言って良いのかわかりませんが、とにかく、中国全土の名門校の日本語学院の学院長のみなさまが「大森先生のためなら!!」ということで、わたしの講演会を喜んで受け入れてくださいました。大森先生のお弟子さんは、私の講演会が終わると、宴会をご用意してくださり、わたしが中国でたくましく生きていけるようにとたくさんの宝物のようなご助言をくださったり、名門校の周りにある大学にも、小さな都市の小さな大学にもお声がけくださったりしました。『日本語講演マラソン』の旅に出た私は、その後十年、中国百十都市、三百九十八機関を、駆け回り、「日本語上達の秘訣」などをテーマに話してきました。途中、逐次ご報告をさしあげましたが、どんなときも、失敗してしまったときも、温かく励ましてくださいました。

なにか辛いことがあったときや、超えられそうにない壁にぶち当たったときに大森先生ご夫妻がこれまでされてきたご苦労を想像すると、自然と力が湧いてきます。不思議なことに、リラックスできて、「よし、いっちょ、やってみるか！」という気持ちになります。わたしの結果がどんなに酷いものになっても、お二人が笑顔で「よく頑張ったね」と褒めてくれそうな気がするからです。「特訓合宿」と『日本語講演マラソン』で、私が直接会って指導をした中国人学習者の数は十五万人以上。その間、二百名以上の学生がスピーチやアフレコの日本語大会で優勝しました。自分の教え子たちには、いつも大森先生の話をして、ご夫妻が作られた「日本語教材【日本】」をプレゼントしたり、大森先生ご夫妻主催の『日本語作文コンクール』に参加してもらっていました。

大森先生ご夫妻が主催されてきた「中国の大学生」を含む「世界の日本語学習者」を対象にした《日本語作文コンクール》は、世界の日本語教育の中で「最高の宝物」だと思っています。

「日本語教材」を使った「笈川特訓教室」（北京市内）

大森先生ご夫妻は、「中国の日本語教育の発展と日中友好」に〝無私の心〟で献身的に頑張り続けてこられました。私は、勝手に、大森先生ご夫妻のDNAが注入されていると信じています。大森先生のこの偉大な事業を始められたときの年齢は、わたしよりもずっと若かったのです。それを思ったら、少しばかり落ち込んだりもするのですが、そんなことは気にせず、大森先生ご夫妻のように、見返りを求めない親切なおじさんとして、日本語教育のために生きていこうと思います。世界中で日本語を学ぶ学生たちから、毎日たくさんのメッセージをもらいます。その中で、一番多いのは、「なぜ、笈川先生はそんなに頑張ることができるのか？」という質問です。『あなたの心の中にも、大森先生ご夫妻のDNAが注入されていると想像してみてください。私と同じように、元気いっぱいに、どこまでも頑張ることができます』――これが、多くの学生への私の答えです。

笈川幸司（おいかわ こうじ）
一九七〇年生まれ。二〇〇二年二月から清華大学、北京大学、再び清華大学日本語教師。中国全土で大学生に対する日本語教育活動を展開。二〇〇七年三月から、北京市内を始め中国各地の大学だけでなく、世界各地を回り、時にはオンラインで、「日本語学習、会話、発音矯正、スピーチの秘訣」をテーマに、特訓教室や講演会を開催。二〇二二年から福島県広野町で、活動を継続。広野未来スピーチ倶楽部部長。二〇二三年、NPO日本語スピーチ協会を立ち上げた。

特別寄稿

大きな夢への切符となった「第一回『日本語作文コンクール』」

～ご夫妻だけの活動に、目を丸くした！～

駒澤大学グローバル・メディア・スタディーズ学部教授　高　媛

吉林大学で日本語を勉強し始め、日本語能力試験を二ヵ月後に控えた二十歳の秋、担任の先生が、一枚の紙を掲示板に貼り出しました。「第一回・中国の大学生日本語作文コンクール」の応募要項でした。それが後に、私に「日本留学の道」を開いてくれた夢への切符となるとは思いませんでした。

初めての全国的な規模の「作文コンクール」の開催は、私の作文の意欲を一気に高めてくれました。幸い一等賞に選ばれ、一九九三年の春、天津の南開大学で行われた表彰式で大森先生ご夫妻と初めて出会いました。二人三脚で、自分でお金を出して、日本語を勉強する外国人のための季刊誌『日本』を編集して、寄贈しているという話に、私は目を丸くしました。そこから、大森先生ご夫妻との文通が始まり、ほぼ毎週のように届く大森先生の分厚いお便りと温かい激励のお言葉は、何よりの楽しみでした。

大学を卒業した年の一九九四年の夏、「第一回」の一等賞のご褒美に、路邈さん（北京第二外国語学院）と二人、「日本一週間の旅」をプレゼントして頂きました。個人の活動のため、私たちを招待する

1993年4月。第一回・中国の大学生・院生『日本語作文コンクール』表彰式。前列右・筆者。(天津市。南開大学)。

手続きは、煩雑だったそうです。

日本の旅で、最も印象深かったのは、初めて目にした「国際交流研究所」でした。大森先生と奥様は、東京都練馬区上石神井にある3LDKのマンションの「自宅」兼「国際交流研究所」で活動をされていました。季刊誌『日本』の編集や『日本語作文コンクール』、その後の「日本語教材『日本』(上、下)」の作成・寄贈など、数多くの交流活動を成し遂げてきた仕事場はなんと「四畳半の一室」でした。花瓶や切り紙、掛け軸など中国の大学から贈られたお土産が、所狭しと飾られていました。ダンボールいっぱいの、中国の学生からの応募作文や手紙を見せてくれました。中国で日本語を勉強している多くの後輩たちが、毎年『作文コンクール』に応募し、日本への理解を深めていました。長年、大森先生ご夫妻が注いできた心血が「中日友好」の素晴らしい実を結んだことを証明していました。大森先生ご夫妻は、中国の教師と学生から寄せられた強い期待を胸に、長い間、活動を続けて来られました。私を含む、どれだけ多くの中国の学生たちが「日本」との縁を結ぶことができ、夢の土台を築き上げることができ

1994年7月。第二回の「一等賞受賞」の訪日。右端・筆者。（東京都練馬区の大森宅）

たことでしょうか。

一九九五年十月三十日、私は日本留学の第一歩を踏み出しました。大森先生は私の身元保証人として、成田空港ではじけるような笑顔で迎えてくださいました。奥様は上石神井の自宅で、おいしい手料理を作って待っていてくださいました。留学生活の記念すべき最初の夜は、奇しくもあの「四畳半の国際交流研究所の仕事場」でした。奥様が敷いてくださった布団の暖かさは、いまでも忘れられない思い出の一つです。

大学院に合格するまでの半年間は、経済的な心配がないように、大森先生ご夫妻は、自分のポケットマネーから特別に毎月十万円ずつ、奨学金を支給してくださいました。また、来日した最初の三年間を共に暮らすルームメートの夏氷さんも、大森先生が紹介してくださった、東京大学大学院に在籍中の中国人留学生の先輩で、とても頼りがいのある素敵な女性です。おかげで、日常生活から受験勉強のことまで、私は何の不安もなく、留学生活を満喫することができました。
二〇〇五年三月、晴れて東京大学院で博士号を授与された日も、大森先生ご夫妻が駆けつけてくださり、たくさん記念写真を撮ってくださいました。また、駒澤大学に就職できたことや教授に昇進したことなども、大森先生ご夫妻はまるで自分の子どものことのように、心より喜んでいただきました。

〜〜〜〜〜〜

今年で大森先生ご夫妻の日中交流の活動が三十五年の節目を迎えます。この間に、国際交流研究所は、練馬区上石神井から江東区南砂町へ、さらに、立川市の老人ホームへと移転しましたが、活動自体は途絶えることなく、勢いよく継続されています。毎年、国際交流研究所から出版された質の高い「日本語の教材」や「作文集」などを拝読する度に、大森先生ご夫妻の情熱の熱さと信念の強さに敬服せざるを得ません。
振り返れば、私個人と大森先生ご夫妻との出会いもちょうど三十年になります。大森先生ご夫妻は、時には温かい支援の手を差し伸べ、時には静かに見守ってくださったおかげで、私は中国から日本に渡り、留学生から大学教授へと成長しました。三十年前の「第一回・中国の大学生日本語作文コンクール」がなければ、今の私はどこで何をしていたのでしょうか。国際交流研究所の活動が育てあげたおびただしい数の日本語学習者のなかでも、私は特に幸運だったとつくづく感じています。今後は大森先生ご夫妻の教えに恥じないように、生きていきたいと思います。

高　媛（こう えん）　一九七二年北京市生まれ。一九九〇年〜一九九四年、吉林大学日本語学部日本語学科専攻。卒業後、一年間、中国国際旅行社総社で日本語ガイドとして働いた後、東京大学大学院に留学し、「博士号」（社会情報学）を取得。明治学院大学、立教大学の非常勤講師を経て、現在、駒澤大学グローバル・メディア・スタディーズ学部教授となり、「情報社会論」や「メディア文化論」、「異文化間コミュニケーション論」などの授業を受け持っている。

特別寄稿

ご夫妻が、三十五年間、心血を注いだ生涯の「偉業」

～ご夫妻に励まされ「日本語教育」の道を歩んだ私～

大連海事大学
外国語学院教授　陶　金

大森先生ご夫妻と知り合って今年で二十二年目になる。大森先生ご夫妻が主催した『日本語作文コンクール』で二年連続（二〇〇一年、二〇〇二年）「一等賞」に入賞し、その栄光をもって今日まで頑張り続けた私であり、ご夫妻に励まされて、大学を卒業して、「日本語教育」の道を十七年間歩んできた私である。二十二年間も、ずっと見守ってくださった大森和夫先生、弘子先生に深く御礼申し上げたい。一人の大学生から大学教授になったこの二十二年間、大森先生ご夫妻に学んだこと、大いに啓発されたことがたくさんあった。

大森先生ご夫妻が中国の日本語教育支援三十五周年を迎えた今年、私たちは、ご夫妻が、心血を注いだ生涯の「偉業」の数々に、心から尊敬と感謝の気持ちを表したい。

〰〰〰

まず、特筆しなければならないのは、ご夫妻の不思議な行動力である。民間人なのに、『日本』などの日本語教材の編集、出版と計八十万冊の寄贈、計二十六回の「中国の大学生・院生、そして、世界の日本語学習者」に向けた『日本語作文コンクール』の主催、約四万人の中国の大学生を対象にした、計四回の「アンケート調査」の実施、そして、数えきれないほど中国の日本語学習者との交流など……ご

2002年、第九回「中国の大学生、院生『日本語作文コンクール』」（通算14回目）の「一等賞」で訪日。東京都練馬区の大森宅で。中央が筆者。

2003年、第十回「中国の大学生、院生『日本語作文コンクール』」（通算15回目）の「一等賞」で訪日。河合隼雄・文化庁長官（当時。左から２人目）を表敬訪問。（文化庁）。中央が筆者。

夫妻の活動の量は想像しただけでも、その大変さがわかる。

ご夫妻は、「四畳半」の自宅で、昼夜を問わず、頑張ってこられたのである。二〇〇二年と二〇〇三年の二回、『日本語作文コンクール』で「一等賞」になったご褒美に、日本に招待され、大森先生ご夫妻の東京都練馬区のマンションを訪ねたことがある。「四畳半の国際交流研究所」をこの目で見て、不思議に思った。「どうして、この狭い部屋で、中国や世界の日本語学習者と、誰も真似が出来ない偉大な活動をすることが出来たのだろう？」。

〰〰〰〰

一生忘れられない二回の訪日でした。早稲田大学の多賀秀敏先生のゼミの学生さんと交流をして、中日両国民の平和と友好への願いが同じだと実感しました。文部科学大臣の遠山敦子先生や文化庁長官の河合隼雄先生にお会いして、「中日友好が大切だ」というお話をお聞きしました。中国の若者として、中日友好に対する責任感が一層強くなりました。私は、美しい日本語を身につけて、中日友好の素晴らしい懸け橋を築くために頑張ろうと決めました。

2023年．寄贈した各版の「日本語教材『日本』」を手にする大連海事大学の学生と筆者（前列左から４人目）

訪日では、京都で、ご夫妻と一緒に、茶道、華道、狂言、能、文楽、雅楽などをこの目で見て、日本の伝統文化の素晴らしさに感動しました。また、「舞妓変身」は大変楽しい体験でした。

中日両国民の心は通い合うはずですが、異文化コミュニケーションの難しさも認めなくてはいけません。真の相互理解の実現は相当難しいことですが、自分が学んだ日本語で、多くの日本人に中国のことをよく理解してもらい、また自分が知っている日本を中国人に伝えていくことで少しでも貢献できると思います。

〰〰〰〰

それから、ご夫妻の人生態度に、本当に感服します。私は、二〇一〇年に、先輩の大連工業大学外国語学院院長の劉愛君先生と一緒に、「大森和夫・弘子夫妻に聞く『中日交流』〝二人三脚〟の二十二年」（日本僑報社刊。二九一頁）を出版した。（表紙は「劉愛君先生」の項に」。その中で、私たちが「普通の人には考えられない難しい活動を長く続けて、苦しく思ったことはないでしょうか」質問したのに、弘子先生の答えがとても印象的だった。弘子先生は、

「私どもは、生活面でいつも『人生を楽しむ』ことを心がけてきました。以前から、『楽しくなければ、活動じゃない』と思って頑張ってきました。そして、中国の学生さんにも、『楽しくなければ、勉強じゃないですよ』と呼びかけました。いつも、『楽しむ』気持ちを忘れないで努力すれば、どんな苦労や辛いことも乗り越えられると思います」。「日本語教育」の道を歩んで十七年間。その間、疲れや悩みなども多くあった。しかし、弘子先生がおっしゃった「人生を楽しむ」、「仕事を楽しむ」という言葉を思い出して、何があっても「楽しむ気持ち」を忘れないで、前向きに対応して、難関を乗り越えてきた。

〜〜〜〜〜〜〜

大森先生ご夫妻は、自分の日本語交流活動の原点は、「三つの感謝と一つの謝罪」だと話されたことがあります。「日本文化の恩人としての中国」、「戦争賠償の請求を放棄した中国」、「残留日本人孤児を温かく育てた中国人」の三つにたいする「感謝」と、「過去に中国を侵略した戦争」に対する「謝罪」、ということでした。このことに深く感銘した。

大森先生ご夫妻が「中国の日本語教育支援活動三十五年」を迎えられたことに、中国の日本語教師として、ご夫妻に「三つの感謝」と「一つの尊敬」の気持ちを表したい。「『日本語作文コンクール』などの交流活動の主催」、「日本語教材『日本』の編集・出版と寄贈」、そして、「長年、中国の日本語学習者を大切にし、温かく励ましてくださったこと」に対する「三つの感謝」と、「ご夫妻が『日本語交流活動』を三十五年間も自費で、献身的に続けられた精神」に対する「尊敬」の気持ちである。

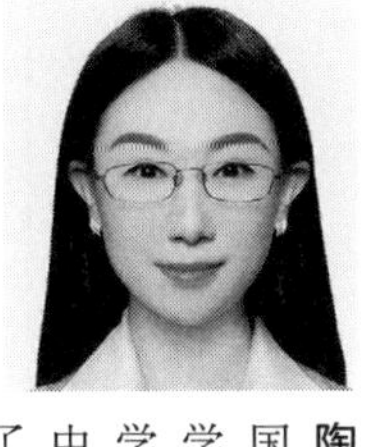

陶金（とう きん）　一九八〇年、中国・遼寧省北票市生まれ。遼寧師範大学外国語学部日本語科卒、遼寧師範大学大学院修了、言語学修士学位取得。中央民族大学大学院博士後期課程修了、哲学博士号取得。中国国家社会科学基金プロジェクト、遼寧省教育改革プロジェクトなど十項目以上担当。二十編あまりの論文を国内外の学術誌に掲載。現在、中国・大連海事大学外国語学院教授。

特別寄稿

『四畳半』から世界へ展開された活動」に感銘！

～「言葉の力」によって「狭い教室」から「世界」へ～

福州大学外国語学院
日本語学科副教授　黒岡佳柾

「日本のファンになってほしい」―そんなシンプルで、強固な思いから始まった大森先生ご夫妻の長きにわたる活動に、心からの敬意を表したい。大森先生ご夫妻の活動のカードは、実に多彩で、オリジナリティに満ちていた。

平成元年に創刊された「季刊誌【日本】」（三十三号まで発行）は、毎年一万冊以上が、中国の教育機関などへ寄贈された。その後、平成七年には「日本語精読教材【日本】」が刊行され、平成三十年の「【日本】という国・改訂版」に至るまで、多様な教材が刊行されてきた。学生だけでなく、教員も楽しんだことだろう。外国の日本語学習者のために、日本の政治、経済、文化などを写真と文章で包括的に扱い、丁寧にルビがふれられた教材は、世界各国の日本語学習者や教師から賞賛されている、

「季刊誌【日本】」の創刊と同時期に開催されたのが『日本語作文コンクール』だ。平成四年からは、「中国の大学」を対象とした『日本語作文コンクール』が開催され、中国の日本語学習者を世界へと羽ばたかせた。毎回、多くの作文をご夫妻お二人が一次審査をされている。夜を徹しての「審査」となったであろう。平成四年前後の「経済大国への憧れ」

福州大学日本語学科の学生たちと（右側手前が筆者）

の時代、日中が「靖国問題」などで揺れた「日本への不満・複雑な思いが錯綜した」時代。平成十八年からは「反日感情」が急激に高まった。その後、冷え込んだ日中関係は、未来の友好関係を構築する方向へ向かうことになる。そうした激動の日中関係の狭間で、ご夫妻は、「日本のファンになってほしい」という一途な思いで、時代を駆け抜けてこられた。その活動は、今年で三十五年となる。

〰〰〰〰〰

私が、大森先生ご夫妻の活動に出会ったのは、中国の大学の日本語教師として駆け出しの頃、二〇一八年前後だった。当時の私は、日本語を教えるとはどういうことかも理解しないまま、学生の気持ちや意見をうまくくみ取れず、授業方法に悪戦苦闘していた。「日本語という外国語を学び、表現する喜びを感じて欲しい」という想いで。作文授業を担当していた私は、学生に日本や日本語への「率直な想い」を表現してほしいと考えた。私の大学では、日本語が好きで日本語学科に入学した学生が少ない。

授業風景

英語学科などに入学したかったが、入試の点数で日本語学科に入学できなかった学生たちだ。日本語を教える身としては、目の前の学生に何ができるかが切実な問題だった。しかし、年次が上がる毎に授業内容が難解になり、学生から「学ぶ喜び」が消えていく状況に悩む日々が続いた。

そうした中、日本語教師として中国国内のみならず、世界で活躍なさっている笈川幸司先生と出会い、大森先生ご夫妻のことを紹介していただいた。「日本のファンになってほしい」。たったそれだけで、長きに渡る活動を続けてこられているご夫妻に深い感銘を受けた。特に印象的だったのは、『作文コンクール』で入賞した学生の一枚の写真だった。そこには、大森先生ご夫婦の隣で、満面の笑みを浮かべている学生が映っていた。その「喜びに満ちた顔」を見て、当時の私は「こんな学生の顔を見てみたい」と思った。次の日、早速、その思いを学生に打ち明け、希望者を募り、「第二回『世界の日本語学習者・日本語作文コンクール』」に思い切って参加することに決めた。教師が足踏みしていては、学生は何もできないからだ。

しかし、そこからが問題だった。日本語の文章としては読めるが、なぜか内容のある文章が出来上がらない。どこか「教科書的」な文章だ。成績が良い学生ほど、個性が見られない。文章で想いを伝えることがどれほど難しいことか。日本語独特の多様で繊細な表現に、教員も学生も惑わされ、頭を抱える日々が続いた。そうした中、大森先生に悩みを打ち明けた。すると、次の日、大森先生から丁寧なお返事をいただいた。そこに、大森先生が新聞記者だったころの経験から「中学生に分かるような作文を」という一文があり、視界が開かれた気がした。この一言は、シンプルだが難しい。学生の文章を中学生でもわかるようにするためには、指導する教師もまた、「中学生」にならなければならないからだ。しかし、私は出来るだけ「学生と一対一で話せる環境」を作ることにした。授業では、恥ずかしくて話せないこともあるし、教師も質問を遠慮してしまうこともある。教師と学生が、率直な思いをぶつける「空間」が必要だった。そして、ぜひ「入賞」を果たし、「日本のファン」になってもらい、大森先生が学習者に与えた「笑顔」という最高の贈り物を分かち合いたいと思った。

「中学生」のように、無邪気で率直に自分の想いを日本語にのせて書き、世界へ出て行くこと。そのために、学生と私との〝格闘の日々〟が始まった。「友好ってどんな状態？」、「どうして交流が重要なの？」、「中日の〝架け橋〟ってどんな橋？」——自分でもどのように答えていいか分からない質問だ。しかし、学生にそんなストレートな質問を投げかけ、内に秘めた赤裸々な想いを私は聞きたかった。他方、私の前には、自分の想いを適切な日本語で表現しようと苦心する学生がいる。

学生との話し合いが長引き、気づけば大学が静まりかえり、夜の十時を過ぎていたこともある。しかし、完成した文章の随所に溢れる、授業では聞けない「学生の想い」と「達成感に満ちた顔」は、疲労を和らげるには十分だった。特に、「入賞」した学生の弾けんばかりの笑顔は、今も脳裏に焼き付いて離れない。学生も大森先生ご夫妻の交流活動を理解し、尊敬し、「入賞」した時には、自分でお礼のメールを送りたいと私に申し出てくるほどだ。

思えば、ご夫妻の「四畳半から世界へ展開されたご活動」は、「日本と日本語の魅力」を最大限に伝えつつ、学習者と教員を、「言葉の力」によって「狭い教室から世界へ」と連れ出し、交流させてくれるものだった。そこは、お互いが肩書や役割、国籍を超えて話し合えるような空間だ。学習者と教育者が共に手を携えて歩く道を、大森先生ご夫妻は、「日本のファンになってほしい」という一途な思いから、率先して整備してくださっていたのだ。

〰〰〰

大森先生ご夫妻の三十五年間の活動で、教育の在り方を教えられた者は、私だけではないだろう。大森先生ご夫妻の「四畳半」での粘り強い交流活動に勇気づけられ、励まされた日本語学習者がどれほど多いことか。今後、そうした人々が、次の時代を担っていくだろう。そして、ご夫妻の活動と精神が、今後、日本語学習者や日本語教師になる方々の模範となり、引き継がれていくことを切に願うばかりだ。ご夫妻の活動に改めて敬意を表したい。

黒岡佳柾（くろおか よしまさ）一九八二年生まれ。二〇〇六年より立命館大学大学院文学研究科で学び、修士（文学）、博士（文学）を取得。専門は、現代ドイツ・フランス哲学。在学期間中に、立命館大学「間文化現象学研究センター」のリサーチ・アシスタントとして、文化間の問題を主とする海外研究者との交流活動に従事。その後、二〇一二年より、立命館大学文学部の非常勤講師を務め、二〇一五年に中国福建省・福州大学外国語学院日本語学科に研究の場を移す。主にスピーチコンテストや作文コンテストなどの学外活動に従事。現在、中国福建省・福州大学外国語学院日本語学科副教授、立命館大学人文科学研究所客員研究員。

特別寄稿

「感動する力」を育んで頂いたご夫妻の活動

～三十五年間の〝忘れがたい物語〟を、ぜひお聴きしたい～

貴州民族大学外国語学院日本語学科准教授　李　海

東海の
小島の磯の
白砂に
われ泣きぬれて
蟹とたはむる

いのちなき
砂の悲しさよ
さらさらと
握れば指の
あひだより落つ

これは石川啄木の短歌だが、このような短歌や俳句などを「日本文学鑑賞」の授業で取り上げ、学生たちに自由に感想を述べてもらうことがある。より気軽に発言できるよう、どんな意見でも構わない、感じたことをありのまま教師や仲間と分かち合ってみようとも言っている。

だが、期待しているほどの感想がなかなか得られない。長年にわたる過酷な受験戦争や、詰め込み・丸暗記式教育の「後遺症」だろうか。日本語の作文や弁論でも、千篇一律の感を免れ得ない。学生たちの物事を想像する力や彼（女）ら自身の感動を伝える力が欠けているのだと痛感する。

この欠点を補うため、私は学生に「三多（三つのたくさん)」の言葉を贈っている。すなわち、「たくさん本を読み、たくさんの場所に行き、たくさんの人に会おう」である。

そして、これから教壇に立つ彼(女)らへの卒業祝いとして、大森先生ご夫妻が編集された「日本と日本人」を理解するための各版の日本語教材『日本』や、ご夫妻が一九八九年から「日中交流」に貢献されてきた記録集や日本語作文コンクールの入賞作文集などをプレゼントしている。彼(女)らからは、教員生活にたいへん役立っているという感謝の声が返ってくる。中国の学生に対する「日本語教材の出版・寄贈」や「日本語作文コンクールの開催」など、大森ご夫妻の活動は、中国の学生の「感動する力」を育んで頂いたと思う。

〰〰〰〰〰〰

「かわいい子には旅をさせよ」という言葉がある。後進の成長を促すため、敢えて試練を与えたい。私ができることは、慣れ親しんだ場所を離れ、未知の世界に飛び込むよう学生の背中を押すことであろう。

地域の風土は、そこに住む人々の思想や行動様式、いわゆる「お国柄」に影響を及ぼす。日本には日本の「お国柄」があり、また日本の中でも県民性と言われる通り、地域によっても「お国柄」が異なるのだ。

外国語である日本語を学ぶ中国人学生にとって、日本はどのように映るのだろうか。日本人をどのような人々だと思うのだろうか。彼(女)らに、「日本とは」、「日本人とは」と尋ねても答えは一つではないだろう。

また、仮に何か自分で答えを出したとしても、なぜそのような答えを導き出したのか自問自答して欲しいのだ。答えの根拠は本か、テレビ報道か。はたまた自分自身が現地を訪れての実体験なのか…。

そこで、授業のときには私自身の経験を紹介するとともに、いつも学生たちに異文化との交流を強く勧めている。もっと外部の世界に関心を持ち、積極的に機会を見つけて、その世界を体験して欲しいのである。そのうえで、故郷について改めて考えるならば、その特徴が客観的にうかがえるはずである。

筆者の授業風景

次に人との出会いの重要性である。携帯や電子ゲームばかりにのめり込むのではなく、生身の人間と交流しなければならない。コロナで三年間にわたり特殊な時期を経験した大学生たちの中には、オンライン中心に授業を受けてきたせいで、対人交流に支障をきたす者が少なくない。

そんな者の中には家庭の事情や失恋などが相まって、うつ病になった者がいる。あるクラスでは全学生三十五名中、三名うつ病患者が出てしまった。長年の勉強を経てやっと大学に入ったのに、大学生活を思う存分楽しめず、頓挫してしまうことは残念でならない。

このような状況はできる限り避けなければならない。そこで、外部の有識者を学校に招き、彼らの若き日の歩みを学生に語ってもらっている。有識者の語りから、学生たちが自身の将来について考え、また生きる勇気を得てもらえればと願って止まないのだ。

『日本という国』を手にする貴州民族大学外国語学院日本語学科の学生たち

これまでの「語り」の中でも特に印象的であったのは、貴州出身で、現在、北京第二外国語学院で教授を勤めている路邈先生の話であった。路邈教授は自身の日本語学習の過程での貴重な経験として、大学生の時に大森先生ご夫妻が主催されている『日本語作文コンクール』に参加したことを挙げたのだ。そのコンクールで一等賞を獲得し、一週間の日本旅行に招待されたことが路先生にとって誇りとなったそうだ。路邈教授は、学生たちにも「ぜひ『日本語作文コンクール』に挑戦するように」勧めていた。

〰〰〰

最後になるが、三十五年間にわたり、日本語教育のため私財を惜しまず捧げてこられた大森ご夫妻に心からの敬意を表したい。継続的な支援は非常に重要である。

筆者が勤務している貴州民族大学は、貴州省の鎮遠県を支援しており、外国語学院は教員の派遣支援を行っている。また、中国米山学友会も甘粛省、雲南省の小学校を支援している。だが、大森先生ご夫妻のような個人が、三十五年間をまさに「十年一日の如く」継続して支援してこられたことは並大抵のことではない。

大森先生ご夫妻と知り合った契機は二〇二〇年に先生が主催された「世界の日本語学習者『日本語作文コンクール』・俳句コンテスト」であった。実は、コロナのせいで、まだ直接お会いできていない。メールのみの交流が続いている。近い将来、日本を再び訪れた時、日本に留学している教え子と共に大森先生ご夫妻のもとを訪れたい。そして、この三十五年間の忘れがたい物語を、ぜひお聴きしたいと思っている。

李海（りかい）一九八二年、中国・四川省生まれ。文学博士（名古屋大学）。二〇〇一年十月より日本留学し、香港メディア東京駐在責任者を経て、二〇一九年八月より貴州民族大学外国学院日本語科准教授。著書に『日本亡命期の梁啓超』『中国の日本語教育の実践とこれからの夢』『現代日本社会に問う』。訳書に『日本如何面対歴史』『王蒙先生論語を語る―天下、仁に帰す―』『中国外交論』など。

先達の教えを引き継ぐ

―大森賞受賞感想文―

通化師範学院　鈴木朗

二〇二二年は日中国交正常化五十年という記念すべき年であった。その年の日本語教師・教育体験手記コンクールで、多くの日本語教育者の中から最優秀賞・大森賞を受賞することができたのは身に余る光栄なことであった。そして表彰状と手記が掲載された書籍が届いた時の感激は得難い思い出となった。

コンクールに応募したのは、第一に大森和夫・大森弘子両先生の著書「新日本概況」を拝読し、私が中国で日本語教育をするうえで進むべき方向に導いていただいたことに対する感謝の気持ちを述べたかったこと。第二に中国の大学生に作文の指導をしている自分の手記がどのように評価されるか客観的に知りたかったこと。第三に自分の指導方法を日本語教師の方々と共有したかったことが動機である。手記には大森両先生の著書から学び、実践してきたことを記した。

受賞のニュースは外国語学院のホームページに掲載され、多くの教師や教え子たちから祝福の言葉をいただいた。その後に行われたオンライン表彰式での基調講演にも多くの日本語教師と学生が聴講してくれ好評であった。また日本で生活している中国人の教え子から、手記が掲載された書籍を購入し、読んだという嬉しい便りももらった。社会人になってからというもの賞とは無縁な生活を送っていた私にとっていささか晴がましい出来事の日々であった。

この受賞をきっかけに大きく変わったことは作文

最優秀賞受賞作品が掲載された「大森杯」受賞作品集（日本僑報社刊）

の指導への取り組み方である。二〇二二年秋期は残念なことにまだコロナ禍にあり、オンライン授業となった。オンラインでの作文の授業は大変手間のかかる処理をしなければならない。それは学生たちが書いた手書きの作文を写メールで送らせ、プリントアウトしてから添削し、それをまた写真に撮って送り返すという煩雑な作業をするからである。ワードで書かせて、データを送信させる方が効率はいいのであるが、それを敢えて手書きにこだわったのは、学生たちに日本語で使う漢字を、書いて覚えさせるためである。学生たち一人ひとりの作文を読み、添削し、コメントを書き、送り返すのはたいへんな労力を要する指導方法である。しかし多くの学生たちは、私の手間暇のかかる指導方法を理解し、より熱心に作文を書くようになっていった。この様子はオンライン授業であるにもかかわらず感じとることができた。そうして学生たちの作文は書けば書くほど向上していった。教師が熱心に誠意を以て尽くせば、学生たちはそれに応える。なおざりな授業をしていたのでは学生たちの能力を伸ばすことはできないの

電子黒板を使用した授業

である。

また作文コンクールへの取り組み方も変えた。それまで作文コンクールに参加する学生は、私が二年生と三年生を対象に成績上位者から十人程度を選んでいたのであるが、今年から一年生から四年生まで対象を広げ、希望者を募集して参加することにしたのである。その結果、予想を超える二十三名の希望者が現れた。このため他の日本語教師と手分けをして指導にあたり、最終的に十四名の作文を「第十九回中国人の日本語作文コンクール」に応募することができた。

従来、作文コンクールの指導は、私と学年担当の教師が個々に行ってきた言わば学業以外の活動であった。このため学生も成績として評価されないため、あまり熱心ではなかったように思う。しかし今回の私の受賞と「中国人の日本語作文コンクール」で第十七回に三等賞、第十八回に二等賞を連続して受賞したことにより学生たちの関心が高まり、他の日本語教師と手分けして指導することができた。今後はさらに上位を目指すべく指導をし、行く行くは五十本以上の作文を応募して「園丁賞」の獲得を目指したいと思っている。

作文を書くうえで、私は学生たちに次のことを心懸けさせるようにしている。まず作文のテーマに対して、自分がどのように感じ、思い、考えたかということを書くこと。次に難しいことを書こうとせずに、自分の能力に見合った表現をすること。そして常日頃から、「なぜ私は日本語を勉強しているのか」「私にとって日本とは何なのか」などの問題意識を持つこと。つまり自分にしか書けない作文を書くことが大事であると教えている。

作文は、中国人が日本人と交流するのに欠かすことのできない重要な手段のひとつである。そして一度、活字となれば長い間、人の目に触れるものである。それだけに自分が述べたいことを正確に書き表さなければならない。それゆえ作文は語学学習において、最重要に位置づけられるものだと思っている。しかし昨今は、能力試験一辺倒になりがちなために試験では優秀な成績を修めていても、正しい文章を書けない学生が多く見受けられる。そのため私はさらに実地に役立つような指導をしていきたい。

最後に、今回受賞の機会を与えてくださった大森和夫先生、大森弘子先生、並びに日本僑報社・日中交流研究所の段躍中所長を始めとする事務局の皆様に心より感謝の意を表したい。

鈴木朗（すずき　あきら）　一九六〇年生まれ。東京都出身。三十数年の会社勤務の後、中国に移住。二〇一五年九月より通化師範学院の日本語教師として、主に会話・作文・日本概況を担当している。各教科とも単なる語学訓練に偏らないように、日本の社会や文化などさまざまなことを理解させながら、身につく指導を心がけている。中国人の日本語作文コンクールに第十三回より毎年参加しており、第十七回より三年連続で二等賞と三等賞の作文を指導し、第十八回には優秀指導教師賞を受賞。二〇二一年中国の永住権取得。趣味は中国楽器の二胡の演奏と鑑賞。

忘れてはいけない五つの心

―大森賞受賞感想文―

大連海事大学　陶　金

日本語教師・教育体験手記コンクールで最優秀賞・大森賞を受賞できたことは、私にとって夢にも思わなかったことである。最初はいつもお世話になった日本僑報社の段躍中先生がご主催くださったコンクールでもあるし、二十年も交流を続けた大森和夫先生のご厚意にも応えたいと思って、作文を投稿してみた。幸いにも最優秀賞に選ばれ、そして、受賞後、素敵な文集に出版していただき、朝日新聞、毎日新聞に名前も掲載され、リモートでの表彰式にも出席させていただいたことは、非常に光栄に存じた。そこで、まず、大森先生ご夫妻、審査員の皆様、段躍中先生および事務局の皆様方に心より感謝の意を表したい。

入賞作文集で入賞者の先生方の作品を読んで、素晴らしい日本語教育方法、立派な実践活動に感心していた。今回のコンクールに投稿した私の作文のテーマは「忘れられない人、忘れてはいけない『五つの心』」であった。入賞後の感想文により、大森先生ご夫妻との二十年の交流、そして十七年間中国の日本語教育第一線で頑張ってきた感想をふまえて、個人的な考えを述べてみたい。

二〇〇二年、当時まだ大学二年生だった私は、作文コンクールへの参加をきっかけに、大森先生ご夫妻と知り合った。今年でちょうど二十年になる。大森先生は元々、日本「朝日新聞」政治部の記者であった。日本の留学生問題を取材していた時、留学生の苦情や悩みを知り、日本嫌いの若者を一人でも減らしたいと思って、仕事をやめ、自分のお金で中日友好活動を始められた。作文コンクールの実施、日本語教材『日本』の編集と寄贈、多くの「作文集」の出版など、奥様の弘子先生とご一緒に、本当に「二人三脚」という感じで三十四年間も頑張ってこられて、ずっと中国の留学生と中国や各国の日本語学習者を支援されてきた。大森先生ご夫妻の長年の献身的な友好活動と貢献精神に感動した多くの日本の方や段先生のような在日中国人、中国の日本語教育者から多くの支援を得て、今日までの作文コンクールの輪ができたのである。

中国の日本語教育現場で、よく学生に聞かれる質問にこのようなものがある。「陶金先生には心から尊敬して、忘れられない日本人がいますか。」私の答えはいつも決まっている。「います。大企業の社長でもないし、芸能人や作家でもありません。今年で八十二歳になられた中日友好の民間人私の恩人の大森和夫先生と弘子夫人です。」

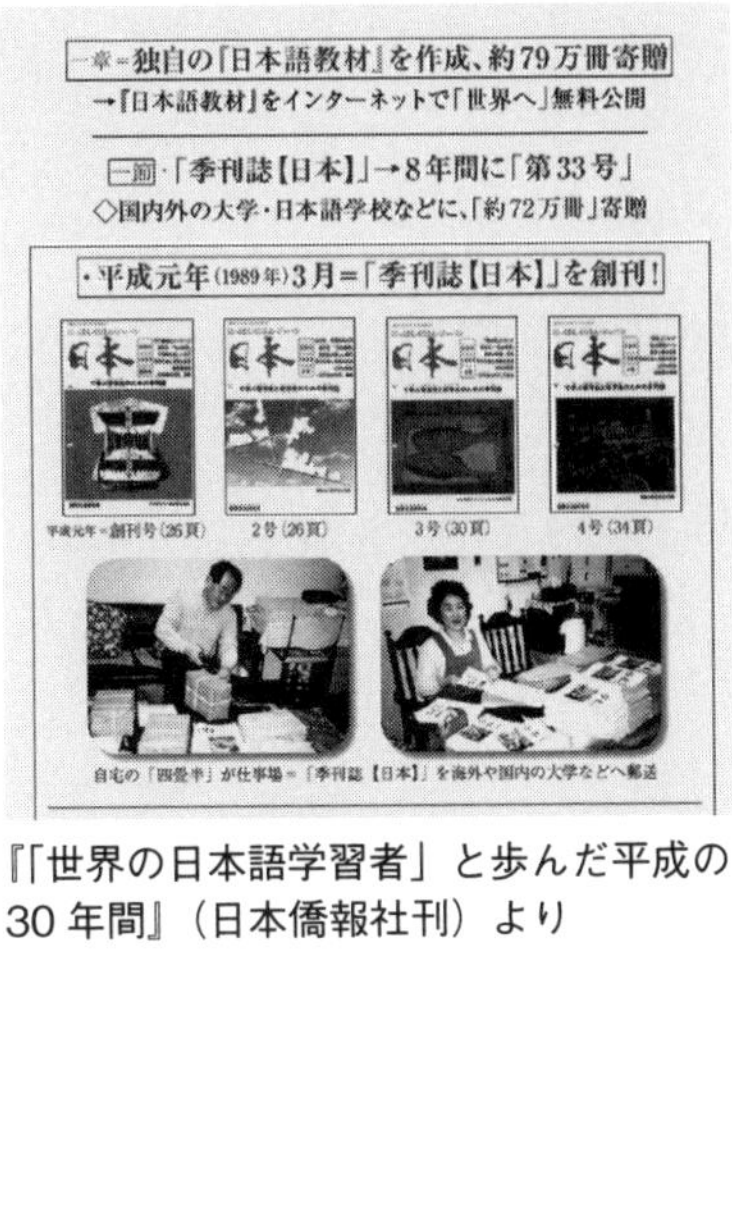

写真の通り、大森先生ご夫妻は家の四畳半を仕事場にして、日本語教材と多くの作文集を編集し、七十九万四千冊を中国など海外の大学に寄贈、「日本語作文コンクール」を二十五回も主催、その応募者数は五万一千人を超えた。そして、中日友好に関するアンケート調査を四回実施し、四万近くの人の回答をまとめ、中国人日本語学習者の日本に対する期待、疑問、苦情、そして感謝を日本社会に届けた

『「世界の日本語学習者」と歩んだ平成の30年間』（日本僑報社刊）より

日本の民間人――それが大森先生と奥様の弘子先生である。まさに、日本元文部科学大臣鈴木恒夫先生と文化庁長官の川村恒明先生がおっしゃった通り、凛然と輝くご夫妻の一生の偉業と、次の世界を担う若者が日本理解を深めることを願い、不屈の信念と情熱で三十年間を駆け抜けてこられたご夫妻の姿に、人間として、その最高の生き方の実践にひたすら感動している。ご夫妻との二十年の交流のなかで、私は当初から、ずっとご夫妻の不思議なエネルギーに励まされていた。そのエネルギーは「大森精神」ともいえるようなものであり、中国の日本語教育者にとっても非常に大切な教育精神なのではないだろうかと思う。

　私は作文で、中国の日本語教育、また、中日友好関係には「忘れてはいけない五つの心」という考えも述べた。相手を大切にして感謝する気持ち、連帯感、使命感、利他精神と信頼感の五つである。私は中国で日本語教育の教壇に立ち、今年で十七年目になる。日本語の先生として、いかにして、よりよく学生に日本語を教え、日本語の言語力とコミュニケーション能力を向上させるか、いかにして、日本文化を深く理解してもらえるかなどについてずっと考えて、一生懸命頑張ってきた十七年間であった。しかし、近年、つくづく感じることだが、中国の経済や教育発展に伴って、今の日本語教師の仕事の難点、直面している問題などは十年前と比べて、だんだん変わってきたようである。

　実は、現在の中国では、日本語がしゃべれる人と日本文化が好きな学生がたくさんいる。今の学生たちは一方的に先生に教わるのではなく、多くの教育アプリやオンラインムークス、学習サイト、ビデオなど、様々な方法を利用して、日本語を学ぶことができる。そして、日本に関連する新しい情報などは先生よりも早く知っていたり、個人的な判断や価値観などもそれぞれ違う。そこで、昔と同じように日本語の単語や文法などを教えたら、学生の勉強意欲や好奇心などを失いやすくなる。そして、近年、中国の教育改革に伴って、学生が専攻を選ぶ選択肢が多くなり、転部する人、つまり大学に入って、最初は日本語学部に所属するが、成績優秀ならほかの学部に申し込み、移動する学生の数も増えている。そこで、大学で日本語を教える教師の私たちにとって、まず大事なのは「日本語専攻」を大切にして、日本語を勉強することの重要性と将来性を学生に説明するようになった。これは大連海事大学だけではなく、各大学にある現象だと思う。

個人のやり方であるが、日本語新聞朗読コンクール、日本語書道大会、日本料理作り大会などの活動を通して日本語の美しさやリズム感、日本文化の面白さを学生に実感してもらっている。そのうえ、東アジアの視点において、漢字文化圏の文明発展史、中日韓文化交流史、海上貿易史などの内容に関連する質問をして、学生に自分で資料を調べてもらって、ムークスなどの授業を活用して、学生の研究意欲を喚起している。また、日本語という言葉を操ることは将来の研究にとっていかに大事なのかを学生に説明し、「日本は中国の昔と現在の姿を映す鏡のような存在で、将来日本語を活用して、学べることはいっぱいある」、と日本語の重要性を強調している。日本語学部に入って、いかに幸運だったのか、ありがたいことだなあと学生に理解してもらい、転部する学生はだんだん少なくなった。

以上は「日本語専攻」を大切にする一つの努力であるが、もう一つ、「いろいろなコンクール」を大切にすることも重要だと思う。中国では、日本語の教育発展に伴って、近年、多くのスピーチコンテストや作文コンクール、翻訳大会などが行われるようになった。しかし、学生の時間と精力には限度がある。どのコンクールに参加するか、どの主題を選ぶかによく迷うこともある。私が大連海事大学の学科長を担当していた時も、授業の時も、「大森先生と日本僑報社の段躍中先生が主催された作文コンクール、ぜひ参加してください」とよく学生に言った。理由は二つある。一つは作文が静かに物事を考え、鋭く自分の観点を述べられる形式だからである。日本語作文コンクールはただ日本語で勝負するモノではなく、視野の広さ、思想の深さと感情の真実性の勝負である。発音がそんなに綺麗ではない学生でも入賞する可能性がある。もう一つの理由は、そのテーマと参加者である。大森先生、段先生が主催したコンクールのテーマはいつも啓発性があり、参加者も情熱的で熱心な学生が多い。「参加者が主催者と交流できるいいコンクールですし、多くの優秀な友達ができる大切なチャンスですよ」と、よく学生に話した。

日本語教育者、日本語学習者は中日友好の架け橋である。その連帯感と使命感を高めるいい方法は何だろうか、とよく考えている。学生を対象にした作文コンクールや今回の日本語教師の教育手記コンクールの意義は学生達、教師達の「連帯感と使命感」を喚起することにあるのではないかと思う。

最後に、日本語教師という仕事に対する覚悟である。十七年間の教育実践により、つくづく感じていることがある。学生から見て、中国で日本語を教えている日本人の先生は日本人全体、または日本の文化習慣の代表になる。中国人の先生は日本語の魅力の試金石である。時代の発展とともに、グローバル化、情報化社会も著しく発展し、中国で日本語を教えている先生に対する要求は日増しに高まっている。もっと自分の能力を向上させ、人一倍の努力で日本語、日本文化の魅力、日本の将来性を掘り出さなければならない。我々は中日友好の架け橋を固める主役である。中日国交正常化五十周年を新しい出発点にして、もっと明るく、実りある百周年を迎えるために、今の時代を大切にして、連帯感と使命感を自覚し、利他精神をもって、信頼し合う姿勢で頑張っていかなくてはならないと思う。

陶金（とうきん）

プロフィールは四三ページを参照。

作文コンクールに応募する学生のみなさんへ

大連外国語大学日本語学院　川内浩一

一、はじめに

皆さん、こんにちは。大連外国語大学の川内浩一です。今日は作文コンクールに応募しようと思っているみなさんに、私のささやかなアドバイスをお話したいと思います。

私が教師になったのは一九八七年ですからもう三十年以上も前のことです。小学校、中学校、高校、大学、大学院など様々な場所で国語、日本語を教えてきました。

八年前からは大連外国語大学で作文の授業を担当して、千人以上の中国の大学生の作文を見てきました。以前大連外国語大学は一学年二十二クラス、一クラス三十六人で、作文の授業を四クラス担当することもありましたから添削が本当にたいへんでした。もう一万篇以上の中国の学生さんの作文を見ていることになるでしょう。そんな私ですが、二〇一四年からは学生さんと一緒に様々な作文のコンクールに参加しています。日頃の授業や作文コンクールに参加する学生の皆さんの作文を読んで、感じることがいろいろありますので、今日はそれをお話したいと思います。

二、「カッコイイ作文」を書かないようにしましょう

作文コンクールが近づくと「カッコイイ作文」を書いてくる学生さんがいます。どこかの模範作文集に出ていそうな抽象的な美辞麗句が並んだその作文からはそれを書いた学生さんの本当の気持ち、本音がほとんど伝わって来ません。優秀な作文の抽象的な部分だけを真似ても決して良い作文は書けないのです。抽象的なみんなが使う言葉、実感の伴わない比喩や修辞法を多用した作文を読んでいると、たいへんに悲しい気持ちになってきます。そうした作文には読む人に対する誠実さや、作文を書くことに対する真摯な態度が欠けているからだと思います。厳しい言い方をすると「カッコイイ作文」を書こうとして書いた作文は「カッコ悪い作文」になっているのです。

三、「真心話（ジェンシンファ）」を書きましょう

学生さんが書いてきた作文を読んでいて「お！　これは！」と思うことがあります。作文指導をしていて一番嬉しい瞬間です。確かに文法的な間違えや表現が未熟な部分があるのですが、その作文からは「本気」「本音」「真心話」が伝わって来るのです。誠実に真摯な態度で自分の感じたこと、思ったこと、考えたことを伝えようという気持ちが感じられます。なんとなく原稿用紙に向かってスラスラと書いたのではなく、よく考え、悩んで書いたという作文執筆の過程が感じられるのです。

第一稿では「真心話」が感じられない作文でも、学生さんと一緒に色々な事を話し合ってから第二稿を書いてもらうと、俄然、作文が光ってくることがあります。後で、学生さんに聞いてみると私と話し合った後、何日間も悩んで、苦しんで書いたということが多いです。どんなに悩んで苦しくても、自分が納得のいく一本の作文が完成した時の気持ちは格別なものだそうです。

ですから、作文を書く時には自分が書きたいことは何なのか、自分の「真心話」は何なのかをしっかり自分自身で掴んでから書き出してほしいと思います。自分の書きたいことは何か、それを読み手に伝えるためにはどのように書けばよいか、それを真剣に悩んでほしいと思います。悩んでも答えが出ない場合は、友達や先生と話し合ってみましょう。しかし、そでも自分の「真心話」が掴めない場合はどうしたらよいでしょうか。

四、考えて調べてまた考えましょう

いくら考えても自分の「真心話」が掴めない、まとまらないという時は、調べましょう。ネットでも図書館でもいいです。自分が考えていることに関係したことを徹底的に調べましょう。私たちの視野は狭いものです。狭い範囲で悩んでいるよりも調べて新しいことに触れましょう。例えば今回のコンクールで私が指導した学生の中で「山川異域、風月同天」という言葉の意味をしっかり調べた学生は一人しかいませんでした。その学生とは一位になった萬園華さんです。

調べることができるのは、言葉の意味だけではありません。中国人の日本語作文コンクールの一位以上の作品は中国語訳が公開されています。それらの優秀な作品の中国語訳を読むことによって作文の着眼点、構成など、

中国語で言うならば「写作思路」を調べ、学ぶことができるのです。過去の優秀作品の中国語訳はまさに貴重な学習の材料ということができるでしょう。

悩んだ時には調べて、新しいことに触れて、また考えて悩んでください。その過程できっと新しい発見があるはずです。

五、先生を信頼しましょう

このコンクールの第十五回大会に私は五人の学生と参加しました。佳作になった万巨鳳さん、宋暁蕊さん、張慧怡さん、二位の蒯滢羽さん、一位の韓若氷さんの五人です。全員、授業で教えたことのある学生です。私がどんな考え方をする教師なのかをよく理解してくれていました。私もそれぞれの学生さんがどのようなタイプなのかを解っていたつもりです。特に一位になった韓さんは私の授業の課代表もやってくれました。そうした信頼感があったからこそ全員が入賞できたのだと思います。良い作文を完成させるということは時間と根気がいる作業であり、指導教師と学生のキャッチボールの繰り返しで少しずつ前に進んでいくのではないでしょうか。皆さんが、心から先生を信頼して、素直な気持ちで先生のアドバイスをしっかりと聞くことが大切だと思います。その上で自分の意見が有ればきちんと先生に話しましょう。

ぜひ、皆さんに心から信頼できる、自分と相性の良い先生を見つけてほしいと思います。先生に対する信頼があってこそ「真心話」の作文を書くことができるのです。

六、友達と励まし合いましょう

私は今年の二月に萬さんという学生に「中国人の日本語作文コンクールに参加しましょう」と声を掛けました。最初、萬さんは自信がなくてとても迷ったそうです。寮のルームメイトの張さんに相談してやっと挑戦してみる勇気が出ました。それから二人は励まし合いながら作文を書きました。そして今回、張愛佳さんは佳作賞、萬園華さんは大使賞になる事が出来たのです。作文と言うのは一人で取り組む孤独な作業です。時には壁にぶつかって、苦しみ悩むことがあるでしょう。そんな時に同じ目標に向かって進む友達がいることは本当に大きな励ましになります。張愛佳さんは私に「萬さんと三年間一緒に暮らして、彼女の自立的で勤勉で、そして非常に謙虚な人格に深く影響を受けてきました。このような友達ができたのは幸せだと思っています。」というメッセージを送ってくれました。張さんは間もなく日本に留学しますが二人の友情はずっと続くことでしょう。

友達と励まし合い作文コンクールに挑戦することはきっと皆さんに大学時代の素晴らしい思い出を提供してくれるはずです。

七、おわりに

文章を書くことは面倒で、苦しいことです。できることなら避けて通りたいものですが、書くことによって見えてくること、解ってくることがあります。考えて、悩んで、調べて、考えて、友達と話し合って、また考えて時間をかけて自分の納得のいく一本の作文が書けたら、それは大学時代の貴重な記念碑になるはずです。

（執筆・二〇二〇年十二月）

川内浩一（かわうち こういち）
早稲田大学教育学部卒。大連外国語大学漢学院大学院修士課程修了。神奈川県県立高校国語教師等を経て現職。日本語教師歴十二年。

私の指導方針と学生のみなさんに伝えたいこと

大連外国語大学　金戸幸子

はじめに

私は二〇一八年より大連外国語大学で日本語作文を担当しています。大連外国語大学では、日本人教員が担当する作文授業のカリキュラムは、主に二年生後期と三年生前期に割り当てられています。また、二〇一九年度からは選択科目「学術写作」（アカデミック・ライティング）の授業を開講し、主に日本への留学を考えている学生を対象に作文の指導をしています。

私の作文指導法の特色

私の作文の授業では、主に次の三つの方法で指導にあたっています。

一、学生のよくある誤用や不自然な表現の事例を集めて解説

作文指導では、まず、学生一人一人の作文を添削し終えた段階で、学生が実際に書いた作文から誤用や不適切な表現の事例を収集し、クラスで指導していくようにしています。

学生の作文指導でとりわけ目立つのは、(一)話し言葉から書き言葉への転換、(二)「敬体」と「常体」の使い分け、(三)接続詞の使い方、(四)助詞の使い方、(五)時制の捉え方、(六)定型表現（例えば、「なぜなら、～(だ)から」）が十分に身に付いていないことです。このほかにも、母語干渉の影響（よくあるのが「理解」を「了解」、「理由」を「原因」と表現してしまうこと）、日本の漢字ではなく簡体字で書いてくることや、書式（読点の打ち方など基礎的な表記法）がしっかり身に付いていない点も目立ちます。

これらの点については、一人一人の作文添削の際にも丁寧に指導はしますが、最初からあまり詳しく添削を入

れると、学生自身がなぜ間違ったのかを自分で考えることをしなくなります。そこで、作文添削の段階では、修正した理由を書くのは最小限にとどめ、あとは、「呼応表現」は黄色、「文体」はブルー、「口語使用」は緑といったように、間違いに応じた色で示して返却するようにし、授業の場でなぜ誤りなのかを詳しく解説するようにしています。

二、一人一人の作文をスクリーンに映し出して個別に解説

作文指導のなかでも、とくに「学術写作」については、受講生が毎学期十名から十五名程度です。そのため、一人一人の作文を添削した後に授業でフィードバックを行いますが、そこでは、授業で一人一人の作文をスライドで映し出し、クラスメートからもコメントを出してもらいながら指導していきます。それを通じて、より洗練された作文の構成や形式、スタイルなどを身に付けさせるようにしています。

個別の作文指導において、日本語の文法や表現の誤り以上に目立つのは、読点の打ち方や改行の仕方といった点がなかなかしっかり身に付いていない点です。しかも、これは中上級から上級前半レベルの学生たちにも意外に多く見られます。そこで、この方法は、接続詞の使い方、定型表現、表記法を習得させる上でもとりわけ有効だと感じています。

最初は、自分の作文をクラスメートに見られることを恥ずかしく思ったり、抵抗を感じる学生もいるようですが、他のクラスメートが書いた作文を見ることによって、作文の構成の仕方や、話題の組み立て方といったコツも身に付けられるようになるため、学生からも学期が終わる頃には「とても学ぶところが多かった」との評価を得ています。

この指導法がひとつ功を奏し、私の指導のもとで数々の作文コンクールで入賞する学生も多数出ていますし、「第十七回中国人の日本語作文コンクール」では、王子琳さんが三等賞、陳怡君さん、舒文俊さん、王萌さん、袁琦さんが佳作賞を受賞することができました。

三、オンライン授業ではカメラをONにさせている

なお、今はコロナ禍にあり、オンラインで授業を行っている先生も少なくないと思いますが、オンライン授業

では、学生たちには極力カメラをONにさせるようにしています。

作文を書いていくプロセスは、まさに教師との協働作業です。そのためには、学生との「対話」を進めていきながらお互いに信頼を築いていくことが大切です。教師と学生がキャッチボールしあえる環境を作ることで、作文のアイデアも磨かれていくものと考えています。

学生へのアドバイス――「いい作文」の書き方のコツ

さて、普段作文を指導していて、よく学生から、「なかなかいい作文が書けない」という悩みを聞きますが、そのような相談を受けた時、私が学生に伝えていることをここで三つ紹介したいと思います。

一、思いついたことを箇条書きでもいいからメモしていこう。最初から大きいことを書こうとしないようにしよう。

作文に限った話ではないかもしれませんが、最初から立派なものを書こうとするとなかなか筆が進まないものです。かくいう私自身も、いつもそれに悩まされています。しかし、ブログやSNSでメッセージを書く感じで、そのテーマについて思っていることを最初はとりあえず気軽に書いてみましょう。その際、頭の中で思い描いていることをキーワードレベルで書き出していく「マインドマップ法」も有効です。そうして、関連するところはつなげてまとめたり、肉付けしていけば、知らず知らずのうちに形になってきます。

二、自分でなければ書けないことを大切にし、自分の言葉で書こう。

作文を書くプロセスは、まさに自分を見つめ直し、形にする作業でもあります。そのため、どこかで見たことのあるような内容だと見る人の印象に残りません。コンクールで入賞できるレベルの作文にするためには、読む人が読んでいて楽しくなるような作文でなければなりません。そのためには、そのテーマについて、いかに自分の体験と結び付けられるかが大事です。そこで、まずはそのテーマに関し、自分が経験したことや思い出し、それを事例として盛り込んでみましょう。そうすれば、必ず読む人の心を打つ印象に残る作文になるはずです。

そして、それらを美辞麗句や抽象的な表現ではなく、自分の言葉で表現することが大事です。どこかから借りてきたような、自分のものになっていない表現はすぐに見抜かれてしまいます。私の指導のもとで作文コンクールに入賞した学生たちをみてみると、みな自分ならではのエピソードを自分の言葉で誠実にしっかりと語ることができている人たちです。

三、冗長な文章は書かないようにしよう。

一方、文章を具体的に書くことはもちろん大事ですが、冗長な文章を書かないようにすることも必要です。学生の作文を指導していると、よく書けているにもかかわらず、書きたいことがたくさんあって、指定字数をかなりオーバーしてしまい、減点される人がいます。そうすると、せっかくいい作文が書けていても評価が半減してしまいます。そこで、私が授業でよく実践しているのは、「二百字作文」や「四百字作文」です。

指定された字数に収めようとすれば、何度も読み返して同じような表現を削り、ダイエットさせていくことになりますが、これは固い書き言葉や論文で要求される簡潔な文章表現の仕方（例えば「なぜ事件が起こったのか」→「事件の原因」というような名詞化させた表現方法）を身に付ける上でも役立ちます。

おわりに

以上、私の作文指導法と学生にしばしばアドバイスしていることを書いてきましたが、作文は文章のセンスの問題でもあります。言いたいことは同じでも、「見せ方」つまり表現の仕方によって読み手に与えるインパクトは変わります。

たとえば、スピーチは、「原稿を書く」という点までは作文と同じですが、スピーチはジェスチャーなど非言語情報も重要な要素になる反面、作文は言語情報がすべてになります。したがって、作文を書く時は、言語表現によるセンスがとりわけ重要になります。私が指導している学生には大学院への進学を志望する学生も少なくありませんが、その「考える」プロセスを通じて作文のセンスを磨いていくことは、自分自身を成長させることに繋がり、希望する進路の実現にもきっと役に立つことでしょう。

（執筆・二〇二一年十二月）

金戸　幸子（かねと さちこ）
慶応義塾大学法学部卒、東京大学大学院総合文化研究科国際社会科学専攻修士課程修了、同博士課程単位修得修了。日本の大学教員として留学生教育担当、台湾での日本語教師経験等を経て、二〇一八年より大連外国語大学で日本語のスピーチ・作文指導や日本研究関連の授業を担当。中国語法廷通訳人等として中日通訳翻訳もこなす。日本語教師歴五年。

読者を意識して書く

南京郵電大学外国語学院　小椋学

作文が苦手な学生向けに書いた「写真を撮るように作文を書く──作文を書くヒント──」は、第十六回受賞作品集に掲載された。私の過去の経験から写真と作文には共通点が多いことを紹介し、「良い写真を撮るために注意すること」と、「良い作文を書くために注意すること」を比較しながら、作文を書くにはどうしたらよいか読者に考えてもらいたいという思いで書いた。この文章は二〇二〇年九月二十三日の日本僑報社プレスリリースでも取り上げられ、これまでにないユニークな視点で、とても役に立ったと評判だった。

今回は昨年の続編として、「中国人の日本語作文コンクール」にターゲットを絞り、私が南京郵電大学で指導した経験をもとに、作文のテーマの選定から応募に至るまで、応募者に注意してもらいたいことを一通り紹介することにした。

まず、応募者が知らなくてはいけないことは「中国人の日本語作文コンクール」と他の作文コンクールとの違いである。「中国人の日本語作文コンクール」は佳作賞を除く入賞作品が全て作品集として取りまとめられ、日本で販売される。この点が最大の違いである。そのため、応募者は、日本人がお金を払ってでも読みたいと思うような原稿を書かなくてはならない。また、その受賞作品集の制作に携わっている人たちに「これはぜひ日本人に読んでもらいたい」と思ってもらえる原稿であり、「この文章を読んで良かったなあ」と思ってもらえるものでなければならない。作文は読者を意識して、筆者が体験したことを書き、共感してもらえるものにしなければならない。日本語の試験のように、指定された文字数を満たし、語彙や文法が適切に使われていれば高評価を得られるわけではないのである。

次に、応募者がしなくてはならないことは作文のテーマの確認である。今年のテーマは三つある。「①私はこう考える！　ポストコロナの日中交流」、「②伝えたい！

『新しい交流様式』の実践レポート」、「③アイデア光る！私の先生の教え方」である。テーマの趣旨は「中国人の日本語作文コンクール」特設ページに掲載されているので、よく読んで主催者がどんな作文を書いて欲しいと思っているのか考えてもらいたい。この三つのテーマのうち、一番イメージしにくいのが②の「新しい交流様式の実践レポート」であるが、過去の作品集からこのテーマに近い作文を探して読めば、どんな作文を書いたらよいかイメージしやすくなるだろう。第十六回受賞作品集には、昨年二等賞を受賞した寧波工程学院の屠洪超さんの作品「コロナ時代の友情」や三等賞を受賞した南京農業大学の劉偉婷さんの作品「『そして一緒に乗り越える』クラウドハグをしよう」などが掲載されている。これらの作文を読んで自分が作文を書く時に参考にしてもらいたい。

その次に、応募者がしなくてはならないことは、題材探しである。作文は内容が一番重要である。そこで、どうしても読者に伝えたい、知ってもらいたいと思う自分の経験を探さなければならないが、良い題材さえ見つかれば、推敲次第で作文はどんどんよくなるので、入賞の可能性も高くなる。逆に良い題材が見つからなければ、いくら完璧な日本語で書いても選ばれる作品にはならない。だからこそ、作文を書く上で題材選びは最も重要なのである。日本語が得意でも良い題材が見つからなければ入賞することはできない。反対に、日本語が苦手な学生であっても良い題材があれば、本人の努力次第で入賞する可能性は十分ある。私は過去に日本語が苦手な学生を指導し、その学生の作文が入賞したことが何度かあった。入賞すればその学生は自信がつくし、日本語学習のモチベーションも上がるので、成績の良し悪しに関わらず平等に指導するように心掛けている。もし、良い題材はあるが、日本語が苦手という人がいたら、早めに文章を書いて先生に読んでもらい、指導してもらえるように頼み込んでみることをお勧めしたい。必死になって考えて、苦労しながら何度も推敲して書き上げた文章は、読者にもその熱意が伝わるので、あきらめずに最後まで書いてもらいたい。なお、題材を選ぶ時、日本人との交流など日本と関係がある経験に限定する必要はない。今回南京郵電大学は六名の学生が入賞したが、そのうちの二名の作文は日本とは全く関係がない内容である。蒋卓さんは田舎で一人で住んでいるおばあちゃんにWeChatのビデオ通話のやり方を教えに行って、後日おばあちゃんとビデオ通話ができるようになったことを書き、胡洋さんはアイドルのライブで知り合った中国人の友達と再会できずにいたが、ゲームをしたり、オンラインライブを一緒に見ながら交流を続けていることを書いた。中国人とってはごく普通のことであっても、日本人にとっては中国人の生活を知る機会になり、読んでよかったと思ってもらえるのである。また、題材の選び方として、多くの人が書きそうな題材を避けて、他の人が書かなそうな題材を選ぶ方法もある。他の人と同じような題材の場合、作文の内容が似てしまい、印象に残りにくくなってしまうからである。今回は中国全土から三千百九十六名が応募し、その中で佳作賞以上の入賞者は二百八十名、作品集に掲載されているのは六十一名の原稿である。これだけ多くの原稿を読んだ後でも、あの原稿は良かったと思ってもらえるように題材選びを慎重に進めなければならない。

題材が決まったら、いよいよ書き始めよう。長い文章を書くのに慣れていない学生は、大きく三つの部分に分けて書くことをお勧めする。それは、作文の構成を「①ある日の出来事（八百字程度）、②その出来事から気づいたことや自分の意見など（五百字程度）、③まとめ（自分の希望や目標など）（三百字程度）」に分けて書くことである。そして、まず「①ある日の出来事（八百字程度）」の部分だけ書いてみよう。八百字なら頑張ればなんとか書けるだろう。この①の文章は、読者がその時の様子を想像できるように、できるだけ詳しく具体的に書いて欲しい。書いたあとは何度か推敲する。①の文章が完成したら、②と③の文章も書いてみよう。この順番で書くと、効率良く作文を完成させることができる。南京郵電大学の二年生は一週目に①を書いて、二週目に②と③を追加して千六百字の文章を書いた。③の文章は最後に自分が言いたいことを書くが、学生が書いた作文を見ると③がしっかり書けていない人が圧倒的に多い。①と②はよく書けていても、最後に力尽きてしまい、結論がないまま終わってしまう。作文の最後の部分は、作文の中で最も重要な部分である。作文をどのように締めくくるかによって、作文の評価も変わってくる。だからこそ、自分の気持ちがしっかり伝わるように書いて欲しい。

もし、何を書いたらよいか分からなければ、過去の作品集を読んで参考にしたり、先生に相談するのがいいだろう。最後の一文字まで気を抜かずにしっかり書こう。そして、何度も読んで推敲が終わったら応募しよう。

今回は「中国人の日本語作文コンクール」に応募する学生向けに、作文を書くコツを紹介した。重要なのは何と言っても題材選びであり、日本人の読者を意識して書くことである。なお、ここで述べた内容は他の作文コンクールには当てはまらないものもあるので、その点には注意してもらいたい。

最後に、この文章を読んで作文を書いた学生が入賞し、その作文を私が読む日が来るのを楽しみにしている。

（執筆・二〇二一年十二月）

小椋 学（おぐら まなぶ）
南京郵電大学外国語学院日本語科講師。中国の北京語言大学と韓国の高麗大学での語学留学経験を生かし、楽しくて学習効果の高い日本語授業を目指している。中国人の学生に合った教材作りにも関心があり、オリジナル教材の『学覇日語』は口語編、写作編、演講与辯論編がある。また、南京の観光地を日本語で紹介したガイドブック『私が薦める南京の観光地』の作成や大学での講演など、日中交流に向けた取り組みも積極的に行っている。日本語教師歴六年。

日本語作文が書けるようになるまでのプロセス

福州外語外貿学院　丸山雅美

中国本土に限らず、日本国内の日本語学校にも数多くの日本語教師が存在します。そして世界中には更に多くの学習者が日本語を学んでいます。漢字圏、準漢字圏、非漢字圏などの環境及び個人の学力差により様々なレベルの日本語学習者がいます。その中でも中国国内の大学で日本語を学ぶ学生は世界中の日本語学習者の中でもトップレベルにある学習者集団と言っても過言ではないでしょう。当然教授方法も彼らに適した方法を取らなければなりません。以前は大学一年生の入学時にはほぼ全員入門レベルでしたが、昨今大学入学試験の外国語科目で日本語を選択する受験生が増加したため、入学時においても日本語の学力差が生じています。上級学年に至るとクラス内の学生間の学力差は著しく広がり、遍く網羅する同一性の授業は極めて困難になります。本来は習熟度別にクラス編成し、レベルに応じて学習していくのが理想ですが、諸般の事情によりそれは不可能です。日本や語学に関心ある者や将来の設計を描いている者はますます勉強し、そうでない者は単位を落とさぬ程度の勉強しかしなくなります。教師にとってはモチベーションを上げることが最重要課題なのかもしれません。アニメ、ドラマ、音楽などのサブカルチャーによる日本語のソフトパワーは中国人にとっても非常に魅力的で、日本語学習の動機付けにも繋がります。また日本語を習得することによって就職等将来の人生における優位性もあります。これらのことは皆理解していますので、日本語教師は学習の継続性を説いていかなければなりません。

日本語学習者にとって日本語の能力を証明する日本語能力試験の合格証は最強のツールです。日本語専攻の学生はそれを目標に勉強しています。しかし日本語能力試験に合格するためには日本語能力試験の対策通りに勉強していかなければなりません。いかに重要なことだけをインプットしていくかが合否の鍵です。このためだけにエネルギーを注ぎすぎると、ややもすれば日本語の魅力を失いがちです。バランスを考えて総合的に日本語を教

育していく必要があります。そのためには中国人教師との連携が不可欠です。試験対策は主に中国人教師の指導により学習計画を立てて勉強し、日本人教師は母語干渉により理解が難しい表現の説明ぐらいしか関わることがありません。しかし「日本語会話」や「日本語作文」、これらを応用した「ビジネス日本語」は日本人教師が専ら担当します。日本語をアウトプットする楽しさを伝えるのはネイティブの役割です。この時は苦手意識を作らないように正していくことが重要です。学力だけでなく性格も鑑みて語学指導しなければなりません。

現代はインターネット社会で、語学を学習するには非常に便利な世の中です。私が中国語を習っていた時代と比較することができません。教材も非常に充実しています。語学学習の環境も羨ましいほど発展しています。しかし便利さの影に隠れ落とし穴も多数あります。まず大きくて深い落とし穴はネット上にある無料の翻訳ソフトです。これに嵌ると、語学力の向上は不可能です。実力不相応に通訳や翻訳はできません。苦しんでもがく経験があってこそ語学力は身についていきます。またスマホのアプリにある簡易辞書にも要注意です。著名な学者が責任をもって編纂した正規の辞書に比べると例文が著しく限定的です。語彙の中にある多くの意味を選択するにもどれを選んでよいのか判断はできません。つまり文章を正確に翻訳することができません。無意識のうちに一番目の意味を選んでいます。多くの無料の翻訳ソフトも誤った意味を選択し誤訳されている場合が多くあります。語学学習に王道はありません。やはり一歩ずつ歩んで語学的感性を磨いて行く以外方法はありません。

入門当初は会話を中心とした口語体から学び始め、単語量や基本フレーズを増やしていきます。そして大学二年生の後半か大学三年生の前半あたりから作文の練習をし始めます。日本語は中国語と同じく言文不一致の言語です。つまり同じ意味でも口語と文語では表現方法が異なります。これまで習ってきた単語や語調だけでは作文は書くことはできません。更に日本のアニメ・ドラマ・歌謡曲から覚えた語彙は作文にはあまり適していません。アニメやドラマの台詞、歌謡曲の歌詞に気に入った文句があっても、そのまま使用することはできません。これらはほとんど口語体です。作文を書くには文語体の文章を多く読んでいく必要があります。

作文はそれぞれの用途、目的に応じて書かなければなりません。そのためには読者は誰なのか、作文の読者に何を伝えたいのかを考えなければなりません。その後、作文に適した文体を選び、文中はその文体を統一して書き続けます。卒業論文の日本語摘要部分は学術論文用の文体「だ・である調」で統一し、客観的に理論を学術的に論じなければなりません。一人称や「です・ます調」の文体も多く見られるので、その都度訂正していきます。感想文やテーマを設題した作文の読者はそのテーマに関心を持った不特定多数の愛好者が多いので、読者の身になって作文を書かせます。必然的に「です・ます調」の文体を多く用いるようになります。作文を書き上げた後の校正は更に重要です。主部と述部で意味がねじれてないか、文章構成の中で流れが逆転していないか等々考えさせます。助詞の使い方等文法上の誤りや簡体字を使った漢字は教師が訂正しなければなりません。また同形異義語、中国語的思考による日本語に不適切な表現方法など母語干渉による誤りの訂正も教師による指導が必要です。特に母語干渉による作文の添削は日本人教師に求められる大きな役割です。

作文の上達はとにかく多くの本を読むことです。日本のアニメ・映画・ドラマ・音楽に興味を持ち、日本語の世界に足を踏み入れてくれたことは日本人教師として非常に嬉しく感じます。更に一歩前に進み日本の文学作品を原文で読んでいくようになれば、確実に作文のレベルは上がります。今後、一人でも多くの学生が文学作品にも興味を持ち、更に奥の深い日本語の世界へ足を踏み入れていくことを望んでいます。

（執筆・二〇二〇年十二月）

丸山 雅美（まるやま まさみ）
佛教大学大学院文学研究科東洋史学専攻修士課程修了。埋蔵文化財調査員、中学校社会科教員、高校地歴科教員、ビジネスホテルスタッフ、留学申請書類翻訳スタッフ。二〇一二年新白河国際教育学院・福州鼓楼大東外語学校（学術交流派遣）、二〇一三年～現在福州外語外貿学院で日本語教師として指導にあたる。

忘れがたい貴重な作文の指導経験

淮陰師範学院　郭献尹

私は去年の九月に台湾から江蘇省淮安市に赴任し、今回初めて学生に「中国人の日本語作文コンクール」の指導をしました。これまでの約十年の指導対象は台湾で育った学生と社会人であり、淮安の生活環境と異ったものでした。台湾には日系企業や日本語学校が多く、日本料理店もたくさんあります。テレビをつければ日本の番組がいつでも見られます。台湾には日本語や日本文化に日常的に接触できる環境があります。それに対し、淮安の学生はそのような恵まれた日本語環境がないため、教科書に出た日本についての話を紹介するたびに、昔日本と台湾で撮った写真や資料を見せなければなりません。思い出されるのは、今年の五月末に外国語学部の学生向けに「和食文化」について遠隔講演をしたことです。さいわい当時は冬休みに台湾に戻ることができたので、和食の写真を自分で何枚も撮ったり、友人からもらったりすることができました。淮安の学生に和食文化をよりわかりやすく理解してもらうため、資料を集めるだけで三週間もかかりました。例えば台湾なら「回転寿司」で食べた経験のある学生が多いので、言葉だけ教えれば済みますが、淮安の学生には写真や動画を見せないとわかりません。言うまでもなく、今回のような日本的な思考と書き方を兼ねた作文指導は、台湾での指導より難しいと実感しています。

当学日本語学科では、作文コンクールに三年生の必須参加、二年生と一年生の自由参加を決めました。副学部長の指示により、QQでグループ連絡網を作りました。また指導をスムーズに行うため、私を含めた指導教官七名と学生六十四名がお互い話し合い、学生が指導を受けたい教官、および教官が指導したい学生のマッチングを行い、七つのグループに分けました。新型肺炎という大変な時期で、学生も自宅にいる必要があったので、各指導教官に従い遠隔指導を受けました。提出期限も早めに設定し、最終段階に私と学生アシスタントでフォントや形式などのダブルチェックを行いました。このようにして、作文コンクールの締め切りまでの二日前までにみんなの作品を整えて副学部長に提出し、副学部長より作文コンクールの事務局にメールしました。このような体験は、私にとっても大変良い勉強になり、チーム活動運営にも慣れることができました。

グループ分けの後、私の担当する学生九名と相談し、指導計画を立てました。締め切りまでは二カ月の余裕がありますが、学生はほかの授業もありますし、私も授業や講演の準備をしなければなりません。本当に使える時間は思ったより多くありませんでした。毎週末土曜日に学生一人一人と一時間程度の討論時間を設けました。各自の作文の独創性を重視し、学生が互いに影響を与えないため、討論や意見交換を禁じました。一週目は学生に今回作文コンクールの「新型肺炎と闘う」に関わる三つのテーマから選択させ、中国語で原稿を書かせました。二週目は学生の考え方を聞き、中国語の原稿にコメントをし、アドバイスしました。六週目に各段落を完成させました。勿論、作文を執筆している最中、学生が悩んでいる時は、いつでも相談に乗りました。指導には様々な問題も出てきました。例えば、語彙や文法の使用に不自然なところがあったほか、諺や報道の引用ばかりで、自分の体験を述べない学生も多くいました。学生自身も新型肺炎による社会問題の当事者であり、自らの体験を作文に書き入れることが重要です。ある学生は家の家具工場をマスク工場に建て替えて感染拡大防止の貢献の一助

となり、従業員の就労も確保できたことを書きました。別な学生は父親とマスクを買いに行った時、共に列に並んだ見知らぬ市民との会話に触れました。日本が出身地の南京市にマスクだけでなく、たくさん物資を提供したことを感謝し、日本語専攻の自分も大変光栄に思ったと書きました。二人とも異なった体験を述べ、入賞できました。

指導の話題に戻すと、七週目に各学生にもう一度作文の全体をチェックさせました。今の大学に日本人教員がいないため、翌週の提出日に間に合うよう、それぞれの日本人の友人に見てもらうようにしました。日本人の友人がいない学生には、私が知り合いの日本人に依頼し、確認してもらいました。最後の週には、指導した学生九人と遠隔反省会を行いました。全員で感想をシェアし、学んだ点や不十分な点などを意見交換しました。さらに、作文を相互にコメントし、相手の長所を見つけ、自分の短所を振り返りました。この八週間の指導を通じて、学生の思考力も作文力も向上したことを実感しています。

今回の作文指導を振り返ると、自分も学生も共に成長し、気づきのポイントを得ました。まずチーム活動運営の方法と段取りを知ったことです。次に、作文の書き方について、新聞記事を取り上げるのはもちろん、如何に自分の体験談と結びつけ、作文に溶け込み、読者に強いイメージを残すことも重要だと気づいたことです。最後に、日本語の作文では日本的な思考に基づき表現を完結しなければならないということです。なお、この指導体験談は丁度台湾から淮安へ戻った時に、隔離ホテルで書いています。今回の作文指導は自分にとって、忘れがたい貴重な経験となります。作文コンクールの終了に当たり、このような機会をいただいた関係者の方に感謝を申し上げるとともに、新型肺炎が早く終息することを願います。

（執筆・二〇二〇年十二月）

郭献尹（かくけんいん）
台湾東呉大学日本語文学系文学博士、日本福岡県柳川市観光大使。台湾清華大学、台湾師範大学、台湾海洋大学、台北商業大学、元智大学の非常勤助理教授を経て、現在は江蘇省淮陰師範学院准教授。日本語教師指導歴十二年。

作文指導とともに成長を遂げて

西南民族大学　徐秋平

小さいころから、いろいろと立派な夢を抱いていた。そのころ、考え方が甘かったので、「○○家」にならないと、夢とは言えないと思っていた。「将来は何になりたいですか」という質問をされたら、画家とか、科学者とか、そうした定番の答えになったのである。いま考えてみると、ほんとうにおもしろいと思う。

高校の時、数多くの本や名作を読んだ甲斐があり、国語という科目が大好きになった。それで、当時の夢は「作家になりたい」に変わった。ありがたいことに、教師の教えのおかげで、作文を書くことが好きになったのである。

作文の魅力とはなんだろう。ごくありふれた文字も組み合わせによって、人々を感動させたり、考えさせたりする力が生み出されるのではないだろうか。その裏には「笑いと涙」「思いと溜息」「悟りと心得」なども隠されている。文字というのは、不思議な魅力を持っている。

大学で専攻したのは、国語ではなく、日本語科だった。「国語のよくできない人は、日本語もうまくできない」と大学の師は常々強調していた。わたしもそう思っている。中国語でも日本語でも、どちらもそれぞれの魅力を持っている。文字の魅力を生かそうというところは共通している。日本語教師になって、作文の授業を担当してから、文字との絆もより深められるようになったと思う。

しかし、日本語作文の授業というのは、言うはやさしいが、行うのは難しい。なぜかというと、自分で書くことと、学生に作文の書き方を教えることは、まったく立場が違うからだ。学生たちに素晴らしい作文を書いてほしいなら、どうすればいいか、いろいろと考えた。語彙や文型はもちろん、中国語と日本語との転換をどのように行うか、それはなかなか難しいことだと感じている。

はじめは、日本語のレベルが何よりも重要だと考えた。そこで、学生たちに文型の活用など多くの練習をしてもらったが、あまり能率が上がらなかったようだ。文をつくってもらう場合は、まだ良いのだが、中国語の文を日本語に訳してしまうと、問題が生じてしまう。なぜだろう。その時、改めて大学時代の師の話を思い出した。中国語のレベルも重視すべきだという。数多くの本や名作などを読むことによって、文字や語彙などへの理解も深くなるからである。国語と日本語の作品の濫読と精読も欠かせない部分である。

それから、次の問題に気がついた。中国語と日本語の転換は大切な一環である。中国人なので、何か書こうとすると、まず頭の中に浮かんでくるのはやはり母語としての中国語である。中国語にあたる日本語を表現するためには、文法と言葉遣いが大切だが、日本語の向上だけではまだ足りない。それに気づいてから、今度は学生にたくさんの常用表現を基礎練習としてやってもらった上で、中日対訳の練習もつづけさせることにした。たとえば、「看情况」「吸引力」「感情好」などの中国語の表現は、日本語の場合はどういうふうにいえばいいのか。練習するうちに、違いがだんだん身に着いていったが、まだまだ足りないと思っている。

ある日、学生たちに「故郷」をテーマに、中国語で作文を書いてもらうことにした。日本語作文の授業なのに、なぜ中国語で書くのかという疑問をもっている学生たちが、中国語で作文を書き始めた。出してもらってから、おもしろい比較検討をはじめた。まずはその文章の中でよくできている素晴らしい表現に印をつけてもらう。それから、その文をみんなといっしょに日本語の表現に書き直してもらう練習をする。すると、中国語の場合は、みんなはちょっと抽象的で概括的な表現を使っている。しかし、日本語で同じ意味を表す日本語の表現はずいぶんと違っている。日本語の表現のほうが繊細な表現、感性的な表現がよく出てくるのである。たとえば、中国語での「思郷、想家」という概括的な表現は、日本語の場合は、「故郷の月がなつかしい」とか、「おふくろの味がなつかしい」とか、「幼馴染に会いたい」とか、このような具体的共鳴をもたらす表現が慣用的であるようだ。こういうところがほんとうにおもしろい。それも文化の違いといえるかもしれない。

慣用句だけではなく、決まったテーマをめぐって、書いてもらう実践もよくやっている。クラス全員の学生を二組に分けて、一組は中国語の作文を書いてもらい、二組にそれを日本語に訳してもらったりする。こういうやりとりの中で、中国語と日本語の表現の違いがはっきりとつかまえることができ、ようやく効果が出たようだ。学生のほうもなんとか何かを書けるようになってきた。

ところが、書けることとよく書けることの差はまだまだ大きい。どうすればいいか。もちろん、多くの例文や美文などを読むことも欠かせない。真似という工夫も必要である。日本語らしい表現があれば、すぐメモに書き込むのである。このようにして、「日本語表現の貯金箱」のようなものを作ることができた。文型の練習、中日表現の転換、例文の模倣などを通して、学生たちもすこしずつ日本語作文のレベルが高まってきた。

作文コンクールにおいては、素晴らしい作品を書くには、どのようなことが必要なのか。ノウハウはどこにあるか。テーマによっては、気持ちや実体験などの内容も喜ばれているようだが、自分なりの理解と分析も大切だと考えている。つまり、実感と観察力と表現力、それから考える力、いずれも大事なのである。新聞記事とヒットした話題をめぐり、検討してもらうのもいい方法ではないかと考えている。作文を書くことは、言葉遣いと心遣いが大事。理解力、思考力、表現力からなる総合力が必要とされる科目なのである。作文教師としても、自分自身のレベルを高めなければならないと思っている。

日本語作文の授業を担当するおかげで、いままでも作文を書きつづけることができて、幸せに思っている。「中国人の日本語作文コンクール」の参加は四回目になり、学生たちの作文指導をする時、数多くの素晴らしい作品にも出合ってきた。作文コンクールのおかげで、試験に合格する作文を書くためだけではなく、どのように素晴らしい作文を書くか、それについて、考えたり実践したりするのも一教師のわたしにとってはいい勉強になり、励みにもなっている。

作文というのは、私の理解では、「文字の遊び」でもあり、「文字の芸術」でもある。こういう文字との絆をもっと深めたいと思っている。教師として、日本語作文の授業が担当できてよかったと思う。作文指導とともに一教師としても成長することができ、感謝している。これからももっと素晴らしい日本語の文章をたくさん読んでみたい。学生たちといっしょに文字の魅力そのものを味わいたいと思っている。

（執筆・二〇一八年十二月）

徐秋平（じょ しゅうへい）
一九七九年生まれ。二〇〇四年四川大学外国語学部卒業。二〇〇四年七月から中国成都市の西南民族大学外国語学部に勤務。日本語教師歴十四年。

中国人学生の体験や思いを日本人に届けたい

常州大学　古田島和美

二〇一〇年中国で初めて勤めた常州紡織職業学院は三年制の専科。赴任して五カ月後二年生になったばかりの学生三クラスの作文指導を担当した。この作文指導のお蔭で、私は中国人学生の一人一人を理解することができたと思っている。彼らの体験や思いを知ったことが、今でも日本語教師を続ける大きな要因になっている。

その時、使用した教科書は、目黒真実さん著の「日本語作文教室」。この教科書は、比較的内容も平易で、作文を書くためにいくつかの質問に答えそれを組み合わせれば、どんなに日本語能力が低く作文が苦手な学生でもなんとか作文は完成できるという優れた教材であった。

私は、その中から十二個のテーマを扱った。「自己紹介、私の家族、私の趣味、私の友だち、私の故郷、私の長所と短所、忘れられない思い出、今までで一番嬉しかったこと、今までで一番悲しかったこと、なぜ日本語を勉強するのか、私の尊敬する人、子供のころの夢、私の夢」。前半の四十五分でテーマに沿った作文例の内容や単語、表現について指導し、グループで話し合わせた。後半の四十五分で自分自身のことを振り返らせ作文を書かせた。作文は授業終了時に提出してもらった。

しかし、二年生の学生にとって四十五分間で書いて提出することは、かなり厳しい。学生からは宿題にしてほしいと言われたが、私は提出された作文をその日のうちに添削しコメントを記載し翌日に返却したいので、と断った。作文授業の日は深夜まで作文の添削に追われた。

正直、最初は、形式的な作文ばかりであった。同じような内容、同じような表現。中国の作文指導は、美しい文章を暗唱するほど学習し、いかにその文章に近づけられるかが重要だと聞いた。作文とは、自分の体験や思いを書くこと、大げさに言えば自分自身の人生を見つめ直すものである。少なくとも私はそう思って指導している。だから、あなたたち自身の体験を書かないとこの作文の価値はないと口を酸っぱくして指導した。日本語の表現よりまずは内容を評価した。私が、感動した学生の作文を全員に紹介することで、彼らの意識も徐々に変わっていった。「先生のコメントが楽しみです」と言って、意欲的に書いてくれるようになった。忘れられない作文がある。

十一月に「私の両親」というテーマで、学生に作文を書いてもらった時、殆どの学生が、両親への感謝の思いが溢れる作文を書いた。感動で胸がいっぱいになった。ところが、ある一人の学生が書き出しに「先生、私は両親への愛情を素直に持てません」と書いていた。彼女は貧しい農村の出身で三人姉妹の長女だった。男の子が欲しかったご両親は、彼女を親戚の家に養女に出した。その後、ご両親は、都会に出て生活が楽になったこともあり、彼女が小学生の時もう一度引き取ったそうだ。彼女は「どうして幼くて親が恋しい時期に私を手放したのか、いくら両親が経済的に苦しかったとはいえ、やはり納得がいかないのです」と書いてあった。読むほどに涙が溢れた。作文の後書きには、「先生、どうしても私の思いを先生に知ってほしくて書きました。でも、クラスメイトには、私の作文は紹介しないでください」と書いてあった。

中国人の学生は、勉強ばかりでいろいろな体験がないとよく話題になる。私も実際そう思っていた。しかし、彼らの人生を振り返るとき、私たちが思いもよらない深い体験や思いがあるのだと思った。日本とは異なる中国の入学試験制度、両親や親戚の彼らへの過剰な期待、それに応えるための進路選択、急激な経済成長による生活の変化、中国人のメンツ……。彼らの人生や思いを私はどれだけ理解していたのだろう。「自分自身の体験や思いがないと本物の作文ではない」。簡単に言っていた私自身を恥じた。作文に自分自身の体験や思いを書くことは、相当な覚悟がなければ書けないことを学んだ。

二〇一三年九月、常州大学に勤務先が変わり、作文の授業は担当することがなくなった。しかし、作文コンクールの指導は私の担当になった。作文コンクールについて三年生の会話の授業で紹介。自分自身の体験や思いを話し合わせることで作文を書くことの意欲付けを行う。そして、宿題にする。

「日本語学科に仕方なく入ったが、日本語を学ぶうちに日本や日本語が好きになっていった。私も日中の友好の懸け橋になりたい」。これが、彼らの作文の主流である。以前の私なら、またかと思いがっかりもしていたが、今は、「なぜ入りたくなかったのか、どうして仕方なく入ったのか、その時のあなた自身の気持ちはどうだったか、ご家族の気持ちや対応はどうだったか、いつどんなことがきっかけで好きになったのか、懸け橋って具体的に何をしたいのか……」と質問を重ねていく。彼らの答えから、一人一人の体験や思いの深さに気づく。彼らが持っている日本への憧れや不安、複雑な思いを抱えながらも一生懸命日本語を学んでいることを一人でも多くの日本人に知ってもらいたいというのが今の私の願いである。

私の作文指導は、学生との対話である。宿題の作文を読み、その内容や表現について彼らに質問をする。彼らの答えに対し、更に質問をする。会って直接話し合うこともあるが、学生にとってじっくり考えられるようにと、もっぱらメールでの指導を行っている。四月五月の空いた時間は、老眼鏡をかけひたすらパソコンに向かっている。彼らの伝えたいことをどのように表現すれば、素直に日本人に伝わるかを学生と話し合いながら、作文を創っていく。二〇一五年一位を受賞した陳静路さんの作文は彼女との対話によってできあがった。彼女のそれまで言えなかった体験や思いを作文に彼女自身の言葉で書けたのだ。

北京の日本大使館での受賞式に参加させていただき陳さんも私も大きな刺激を受けた。日中友好にご尽力なさっていらっしゃる段先生、熱意溢れる指導者の先生方、私の指導は先生方の足元にも及ばない、そう思った。毎年この授賞式に学生と一緒に参加できるようにと強く思った。

その後、お会いした先生方から様々なことを教えていただいた。その中のお一人笈川幸司先生の「会話の型と握手の対話」は、早速実践させていただいた。様々なトピックを会話の型を使って、自分の体験や思いを入れて会話することを実践した。驚くほど、クラスの雰囲気がよくなり、どんどん本音が語られる。日本人との交流会でも、会話の型を使い交流した。お互いの体験や考えを知ることで、人間としての理解は深まる。「言語は道具。自分の言いたいことを相手に正確にわかってもらいたい。日本語をもっと学びたい」。学生の実感は、さらなる学習意欲に繋がった。その成果は学生の作文にも表れるようになった。自分の伝えたいことをどのように表現すれば伝わるか、会話も作文も同じだと実感してくれるようになった。

そして、今年念願だった二年生の作文の授業を担当できた。授業では、テーマの中であなたが伝えたい思いはなにか？ それを理解してもらえるための事実は？ そして読み手を意識した作文を書こうと指導した。その一方コンクールの作文のために学生とメールで対話を繰り返した。まだまだ私の指導力は足りない。しかし、彼らの作文には一人一人の真剣な深い思いがこもっている。この日本語作文コンクールは、彼らの思いを届ける大きなステージだ。彼らの思いを届けたい。今年、常州大学では七十二本の作文を応募できた。

（執筆・二〇一八年十二月）

教材：『異本語作文教室―基礎編』目黒真美緒 大連理工大学出版社

古田島和美（こたじま かずみ）

一九五六年生まれ。一八七八年愛媛大学教育学部卒業後、愛媛県茨城県で三十二年間公立学校教師を務める。一九九五年から内蒙古自治区の沙漠緑化活動に参加。二〇一〇年四月から中国江蘇省常州紡織職業技術学院に勤務。現在常州大学に勤務。日本語教師暦八年半。

私の作文指導の実践紹介

大連海事大学　田中哲治

はじめに

中国人学生に対する日本語作文の書き方に関して、私の作文の授業から得た四年間の実践経験を紹介します。

私は作文を書くに当たって、「真に言語を学ぶとは、その言語を使う民族の文化習慣を学ぶこと」を根本概念として指導をしています。なぜなら、自己の文章表現で、如何に読み手に正確に自己の意見、感情、考えなどを伝えるかが大切なことだからです。その言語を使う民族の生活習慣を理解しなければ、適切な文表表現で書き現すことができません。また、作文とは、学校で習う、いわゆる作文授業のみならず、手紙、日記、報告書、論文、エッセイ、小説など、文章を書くことはすべて作文です。そこで、作文を書くに当たって、どのような手順で考え、何を評価基準として文章を評価し、どの様な表現能力を養えば良いのか、中国人学生の日本語作文の問題点としては何があるかなどを検討してきました。

拙い経験ではありますが、私の作文指導の実践記録を紹介させていただきます。内容は、以下の三点です。

一、作文の準備と検証
二、中国人学生の日本語作文の注意点
三、文章表現力の養成方法

一、作文の準備と検証

作文を書くために最も必要なことは「考える」ということです。どのような言語かに限らず、文章を書くことは良く考えてから書かなければなりません。如何にその言語の文法を完璧に理解したとしても、どれほど数多くの単語を覚えたとしても、その言語による質の高い、内容の深い作文を書くことはできません。よって、書く前によく準備をしなければなりません。また、書き終わった後の検証も必要です。

①作文の準備

作文を書く前に、作文のテーマに対して、学生にいろいろなことを問い、学生に答えさせます。

(1)「これは何か」という疑問を持たせます。「これは何故こうなのか」と考えさせます。

(2)ある程度の考えが出たところで、「もし、こうだったら」と考えを転換させます。

(3)そして、それを「どうしたらよいのか」と考えさせます。

(4)最後に「だからこうだ」となります。

例：テーマ「世界市民」

(1)なぜ ☞ 日本人としての世界市民とは何か。
こんな考え方が日本人なのか、なぜ、これでいいのか。

(2)もし ☞ もし外国人だったら、どう考えるかな。
もし立場が変われば、考えが変わるかな。

(3)どうすれば ☞ 考えを変えるには、日本から離れてみよう。
直接的や間接的に、いろいろな考えを体験しよう。

(4)だから ☞ そうだ、外国で実際に生活をしよう。

このような、手順を踏んで、テーマに対する考えを深くさせます。すべてがこのようにはなりませんが、考える習慣を付けさせるためです。

テーマに対する質疑応答中に、学生が話した言葉に文法の誤りや不適切な表現があれば、その場で直し言い直しをさせ、正しい文を示します。

この準備ができた後に作文を書かせます。

②作文の検証

自己の作文の見直し作業では、ケアレスミスや書き間違いは勿論、内容に矛盾がないことを確認させます。

(1)テーマに対する、「これは何」があるか。

(2)テーマに相応しい「事例」があるか。

(3)「もしも」という内容の発展、展開があるか。

(4)最後に「つまり」という内容のまとめがあるか。

この四点が作文の中に織り込まれているか否か、自己の作文内容を評価させます。勿論、どの作文にも必ずこの四点が無ければならないということではありません。作文内容の見直し作業の一つの方法です。

二、中国人学生の作文の注意点

主に以下の点があることが分かりました。

①助詞の使い方

中国語と日本語の文法に関係したところからくる間違いがあります。

助詞に関しては、中国語にはなく日本語特有のもので、この使い方の違いは大変に多いです。文法の授業で正しく理解しなければなりません。

例：中国語の「的」は日本語の助詞「の」にあたると文法で習います。中国語の表現「〜的+名詞」を日本語の表現「〜の+名詞」と書いてしまう間違いが多くみられます。

「私が買うの本はこれです」

「彼が見たの映画です」

というようにです。したがって、助詞の使い方に関しては、相当の時間を掛けて作文指導をしています。

助詞の使い方の注意点は数多くあります。

例：「は」と「が」の違い（日本人でも難しい）。

動作・状態の対象を表す「を・が・に」

動きの場所を表す「で・に・を」

など、同じような内容でも使い方にも違いがあることです。

②時制の間違い

時制に関しても、日本語では過去・現在・未来の時制がありますが、中国語ではそれを相として捉えているので、過去形と現在形の使い方の間違いが多いです。この点も良く注意して作文添削をしています。

最も多い間違いは、過去の動作の状態を表す場合です。

例：「大学に入った前に日本語を勉強した」

入った ☞ 入る

「初めて大連に来るときは海を見て感激した」

来る ☞ 来た

③動詞の変化のさせ方

動詞の変化に関する間違いも良く見受けますので、丁寧に指導しています。

例：「私が買う」☞「私が買った」
この「買う」の変化は正しいですが、これに倣って、
「私が見る」☞「私が見った」
「彼が来る」☞「彼が来った」
と書いてしまうように動詞の変化を間違える学生が多いです。

④漢字の混同

中国語漢字と日本語漢字の混同です。

日本語作文の中で、中国語漢字を使う学生も多いです。日本語漢字が分からないので、中国語漢字を使ってしまうことが多いと思います。特に人名や地名で、書籍名などもあります。また、まだ語彙数の少ない二年生は、よくあることです。面倒がらずに辞書で丁寧に調べるように指導しています。日本語に無い漢字であれば、ひらがな・カタカナで書くよりしかたがありませんが、注書きで、偏と旁を書かせるようにしています。

三、文章表現力の養成方法

①文体の統一

文章表現上、常体文と敬体文の統一は当然のこととして、最初に学生に指導するのは「書き言葉」の使い方です。

中国のほとんどの大学では、日本語文法以外では、先ず会話、聴解の授業から入り、作文の授業は二年生の後半からだと聞いています。したがって、学生は「話し言葉」から覚えてしまう傾向がありますので、「書き言葉」があることを示し、両者の違いを説明します。書き言葉の中にも、普段使うもの（柔らかい書き言葉）と論文などで使われるもの（硬い書き言葉）とがありますので、その使い方に関しても文章全体の「書き言葉」が統一されているかを注意させます。

多く使われる「話し言葉」は、「ずっと」「やっぱり」「でも」「すごく」「いっぱい」などです。

これらの「話し言葉」を「書き言葉」に換えさせます。また、文末の「話し言葉」であれば、文体の違いも併せて違いを明確にします。

例：すごく☞とても（柔らかい書き言葉）
　　　非常に（硬い書き言葉）
　言っちゃった☞言った　（常体文）
　　　言いました（敬体文）

②表現力の養成方法

文章表現力の向上のために取り組んできた方法は、既に述べたように文章を書く前の準備が必要です。良く「考える」ために、取り入れた方法で主なものは以下の点です。

(1)短文のしりとり

これは想像力と創造力、そして語彙数の向上に役に立ちます。

ある一つの単語を使い、短文を作ります。次に、その短文の中に出てきた単語を一つ選び、また短文を作ります。これを繰り返していきます。

例：学生　私は大連の学生です。↓大連を選ぶ
　　大連は海がきれいです。↓海を選ぶ
　　私の故郷には海がありません。↓故郷を選ぶ
　　故郷の広い草原が好きです。↓草原を選ぶ

これを繰り返して、短文を作り続けていきます。

(2)指定された単語と文型を使う

自己の持つ日本語力が実際に書く段になって、使える日本語力になっているか、文章表現が適切にできるかを確認することができます。

指定された単語や文型を使い、文章を書くので想像力・単語力・表現力を養うことができると思います。

文型の指定の例：
「動詞＋てあげる」「～より～のほうが」
「～に夢中で～」「名詞＋になると～」
「形容詞＋くなると～」「動詞＋と～」
など、数多くの文型を提示します。

単語の例：

「感動・感激・感心・感嘆」など、表現として相応しい単語は何を使うべきかを考えさせます。

⑶意見文と事実文

自己の書いた文が「意見」なのか「事実」なのか、または両方が含まれているのかを確認させ、作文内容を整理させることと同時に表現が適切か否かを考えさせます。

例：（意見文）環境保護に一人一人ができる範囲で協力するのは当然である。

（事実文）放っておけば、自然に分解するプラスチックができた。

（混合文）東京タワーからは美しい富士山が眺望できる。

※「美しい」は個人の判断で意見となり、事実の「眺望できる」と混同している。

⑷オノマトペ（擬音語・擬態語）の使い方

情景描写などの表現を的確にできるように、個々の単語の意味と感覚を理解させます。

例えば、雪の降り方には、どの様な感覚の降り方がありますかと、学生に問いながら個々の学生の感性を日本語で表してもらい、一般的なものから学生が作り出したものまで質疑します。

余談ですが、漫画にはオノマトペが豊富にありますので教材に良いかもしれません。

⑸言葉の心理

「はじめに」で述べたように、言葉には、その言葉を使う民族の生活習慣や伝統文化、歴史が刻まれています。したがって、言葉の裏にある心理を理解しなければ良い文章表現はできません。この課題は、中国人大学生には重すぎるかもしれませんが、説明はしています。

例：（自動詞）あなたから預かったお花は良く育ちました。

（他動詞）あなたから預かったお花を良く育てました。

両者の主張の違い ☞ 花が自然に育ってくれた。

私が育てたのだ。

文型→動詞＋（し）てあげる。何かを他人にしてあげることは必ずしも「良いことだ」ということはではありません。押し付けになる場合があります。

この文型が作文中に書かれたときに、何かを「あげた側」と「された側」では、どのような心理状態だったのかを的確に文章表現しなければなりません。

例の他にも、日本人が持つ感覚を日本語でどのように文章表現するかは非常に難しいことだと思いますが、更に質の高い、内容の深い作文を目指して、作文の授業に取り組んでいきます。

（執筆・二〇一八年十二月）

田中哲治（たなか てつじ）
一九四九年東京都生まれ。創価大学経済学部経済学科卒。大連松下通信軟件工程有限公司の総経理を経て、二〇一三年八月から現在、大連海事大学外国語学院日本語講師。

読む人を心に描く

東北大学秦皇島分校、現・浙江師範大学　濱田亮輔

「読むときは書いた人を心に描き、書くときは読む人を心に描く」

作文授業でも読解授業でも、繰り返し学生に伝える言葉がこれです。単語や文法の指導以前に意識を変革するところから、作文授業が始まると私は思っています。

とはいえ、今回はテーマが特に難しかったと感じました。まず、テーマの一つである「忘れられない日本語教師の教え」は昨年とも重なるテーマであるため、読む人にとって新鮮さや魅力を感じてもらうのが難しくなったからです。このテーマでの指導は、「自分の状態や感情の変化が読む人に明確に伝わるように」ということと、「先に中国語で美しい表現を思い描き、それを日本語で表現する」という二点でした。普段の作文の授業でも、誰よりも意欲的に課題に取り組み、絶えず美しい表現を追求してきた学生が今回のコンクールで入賞を果たし、心からうれしく思っています。

もう一つのテーマである「日本人に伝えたい中国の新しい魅力」はテーマの解釈に差異が生じ、作文の方向性を固め、構想を練るまでに、多くの時間を要しました。第一には「日本人に伝えたい」の解釈です。これは、残念ながら、学生が書いた内容が、「日本人にとっては魅力的じゃないけど、中国人にとって魅力的だから日本人に伝えたい」という内容か、あるいは、「中国人にとっては魅力的じゃないかもしれないけど、きっと日本人には魅力的だから伝えたい」という内容かという究極の選択になってしまったからです。どちらの解釈でテーマを書くかは学生の判断ですが、結果として、読む人を心に描いた作品だけが入賞を果たしました。

さらに第二の解釈の難しさとして、「新しい魅力」という言葉もありました。この「新しい」は、今まで存在しなかった科学の進歩や社会の発展によるものなのか、あるいは、中国人にとって新鮮さがなくても、今まで日本人に知られていなかった再発見でもよいのか、という解釈で意見が分かれました。これについても、読む人の

視点を大切にして後者を選んだ学生が入賞しました。もちろん、この解釈も学生の判断によるものですが、助言をする立場の私には確信がありました。それは昨年度の一等賞に選ばれた合肥優享学外語培訓学校の張凡くんの「浪花恋しぐれ」という作文です。このときのテーマは「訪日中国人、『爆買い』以外にできること」というテーマで、彼の作文では、大阪の法善寺横丁での女将さんや大将との心温まる交流が描かれていました。この法善寺横丁という話題は、科学の進歩も社会の発展も無関係です。新しい観光地でも新しい魅力でもありません。しかし、昨年度の作文の中では、これが最も心に響いた忘れられない作文でした。これゆえ、「再発見」としての新しい魅力を今年度のテーマで考えるなら、地域限定や季節限定といった話題で、しかも心温まる「思い」を伝えてほしいと助言しました。「思い」は中国人や日本人といった垣根を越えて必ず心に響くからです。読む人を心に描き、その心に共感を呼ぶ文章こそが魅力的な文章だと私は信じています。

　さて、解釈が定まり、方向性も見通しが立ち、初稿を受けたとき、更なる問題が生じてしまいました。それは、再発見であるが故に、私自身も、そしておそらく読む人も、この歌舞劇の話題について知識がないということです。とはいえ、あまりにも説明的な文章になれば魅力そのものが消えてしまいます。このため、説明ではなく描写を活かすように助言しました。知識がなくても目の前に歌舞劇のダイナミックさと楽しさが描き出せれば、読む人にとって確実に魅力的に映るからです。幸い、この締切時期の作文授業がレトリックを活かし、擬音語擬態語を多用するという目標設定でしたので、躍動感と動きのメリハリが伝わるように中国語でしっかりした文章を先に作り、それを日本語で表現するように助言しました。

　その後、助言通り、躍動感あふれた中国語文章と日本語文章が目の前に並んだのですが、またまた大きな問題にぶつかりました。中国語の翻訳として、どのような日本語が正しいのかという問題です。先述のとおり、私自身にこの歌舞劇の知識がないので、翻訳チェックにも確信が持てません。しかし、インターネットで映像や画像を探すのではなく、一つ一つ中国語の修飾語の意味が日本語で正しく表現できているのか、一つ一つ動きを説明してもらいながら、日本語のチェックをしました。長い長い時間がかかるチェック作業でしたが、この作業を経たことで、読む人に知識がなくても、文字に書かれた表現だけで動きがイメージできるような文章になったのではないかと考えています。実際、この作文のチェックには構想段階から丸二カ月かかりましたが、それだけの苦労があったからこそ、文章が磨かれていく過程を学生が学べるのだと自負しています。

二〇一五年にも「私の日本語作文指導法」を発表させていただきましたので、今回はそれとは重ならない内容を選びました。読む人を心に描き、読む人に伝えるために文章を自分がイメージしなければいけない、そして、そのためには母語である中国語の表現力を磨かなければ外国語の文章を磨くことなどできはしないというのが、今回の指導法の内容です。素晴らしい作文を読むチャンスを与えてくれ、学生とともに教師も成長できる、このコンクールに心から感謝しています。

（執筆・二〇一七年十二月）

濱田 亮輔（はまだ りょうすけ）
東北大学秦皇島分校語言学院日本語学科での指導を経て、現在、浙江師範大学外語学院日語系所属。専任としての大学機関での指導教育歴は十五年で、日本で七年半、韓国で五年、中国で三年間（二〇一七年で四年目となる）。

日本語作文に辞書を活用しよう

青島大学　張科蕾

「私の日本語作文指導法」という大きなテーマを前に、私は戸惑った。

中国人の日本語作文コンクール応募作品の指導を始めて三年目。一年目は何の賞も取れなかった。二年目は佳作賞四人。そして三年目、三等賞でも取れたらいいなと頑張ったら、なんと王麗さんの作文が一等賞を獲得した。今でも夢を見ているようだ。今回の輝かしい結果は、一緒に指導してくださった本学の客員教授である小川郁夫先生をはじめ、二年前と一年前のコンクールのとき指導してくださった杜雪麗先生、これまで日本語の読み書きの指導に当たってくださった先生がたのおかげでもある。もちろん、王さん自身が人一倍の努力をして、とりわけ豊かな感受性と独特な考え方、優しい心の持ち主であるから、今回の作文に素晴らしいアイディアを出せたのだ。だから「私の日本語作文指導法」などと大きな口をきくのは厚かましいが、日本語作文における辞書の活用について自分なりのちょっとした考えを述べさせていただきたい。

今まで指導してきた数十人の学生を見ていると、作文を書くとき、まず中国語で作文し、それを日本語に訳すという方法をとる者がいる。この方法で完成した作文は中国語風の文が多くなり、その結果、翻訳調の不自然な日本語になってしまう。レベルの比較的高い学生は日本語で考え、直接日本語の文を書く。こちらのほうがいい作文ができるようだが、言葉遣いや、文法にはやはりおかしなところが出る。どちらの方法にしても、日本語でうまく表せない言葉にぶつかるからだ。こうなったら、辞書の出番だ。学生の通常のやり方は、中日対訳辞書を利用し、中国語の言葉の日本語訳語を探すことだ。ここで問題が出る。日本語訳語が複数ある場合どうするか。また訳語が一つだけの場合はそれをそのまま用いればいいのだろうか。学生はそれぞれ自分の判断によって決めることになるが、例えば「退屈な授業なので、知らず知らず眠ってしまった。いびきまでかいて、先生に怒られ、みんなに笑われた」のような文が出る。「知らず知らず」を「つい」に直したら、「辞書に『不知不覚』の日本語訳は『知らず知らず』と書いてあるじゃないですか。どうして間違いなんですか」と聞きに来る。「間違いではないが、『つい』のほうが適切です。『新明解』でこの二つの言葉を調べてみなさい」とこのとき、日本語国語辞典を勧める。『新明解』によると、「知らず知らず」の語釈は「自分でもそれと気づかないうちに、いつの間にかそうしている、そうなっている様子」で、「つい」は「その場の状況に影響されて、そのつもりもなかったこと、普通ならやらないことをしてしまう様子」である。例としては、それぞれ「知らず知らずして、思い出の場所に来ていた」「知らず知らずメロディーを口ずさんでいた」と「体に悪いと知りながらつい飲み過ぎてしまった」「半額セールの掛け声につられてついいらない物まで買い込んでしまった」が挙げられる。「つい」は外から働きかけられて、悪いと知りながら、してはいけないことをしてしまったため、後悔の気持ちを伴うことが多いから、「〜してしまった」と共起しやすいことがわかる。

このように、中日対訳辞書から得た日本語訳語を安易にそのまま使うのではなく、類語辞典で日本語訳語を調べ直して、それとグループをなす類義語をそれぞれ日本語国語辞典で調べ、意味・用法の違いを比べ、より適切なものを選ぶことでより適切な表現ができるのではないかと思う。中日両国語の言葉の対訳は可能であるが、もともと語彙体系が異なるため、一対一の対訳ができるわけではない。「不知不覚」の対訳語は「知らず知らず」であったり、「つい」であったり、場合によっては「いつのまにか」や「思わず」になったりすることもある。コンテクストに応じてたくさんの語の中から適切なものを選んで使う。このプロセスはずいぶん面倒だが、こうすると知らず知らずいろいろな語の使い方が身に付き、言葉遣いが上手になる。学生は普段訳語に頼り過ぎて、中日・日中対訳の辞書を愛用しているようだが、日本語の勉強にはやはり日本で出版された日本語国語辞典のほうが語釈も詳細で、ニュアンスがわかるし、例文も自然で数多くあるし、ほかに実用的な情報もいろいろ提供されているからより役立つと思う。学生のほとんどはカシオ電子辞書を持っているが、搭載している『新明解国語辞典』『明鏡国語辞典』と『日本類語例解辞典』をあまり使わないのが残念だ。これから有効に使うことを強く勧めたい。

表現面のほか、学生の作文に漢字が必要以上に使われるのもよく見かける問題である。中国は漢字を使う国だから、学生は日本語を書くときも漢字を愛用する。おまけにパソコンの普及により、難しい漢字は手で書かなくても簡単に使えるようになった。例えば「纏める」「齎す」「聶肩」「鬘」のような漢字表記が学生の作文に見られる。日本では一九八一年に『常用漢字表』が公布され、一九四五字の漢字が一般の社会生活での使用の目安となってきた。二〇一〇年の改定により、二一三六字に増えても、普段の読み書きに使われる漢字は中国語ほど多くはない。というわけで、日本語で作文するとき、漢字の適度な使用を念頭に置くべきだ。コンクールの応募作品では字数の要求があるため、字数が足りなければ漢字を仮名に、オーバーしたら仮名を漢字に書きかえればいいと学生は考えがちだが、それは間違っている。必要以上に仮名が多くなれば、書いたものが子供っぽくなり、逆に難しい漢字が多ければ、わかりにくくなってしまう。『常用漢字表』を参考にして、適度に漢字を使い、わかりやすい日本語をめざす工夫をすべきだ。日本で出版された国語辞典のほとんどには表外漢字にマークが付けられているから、調べれば常用漢字であるかどうかすぐわかる。残念なことに、学生は辞書を利用する前に「編集方針」や「凡例」を読む習慣がないから、マークの意味がわからず、辞書の機能を十分に生かして用いているとは言えない。本来非常に役立つ情報がもったいないことに無視されてしまう。学生に辞書を効果的に利用させるためには、日本語教師の指導が必要である。

何年か前、辞書作りに取り組む人々の姿を描いた日本映画「舟を編む」を見た。長い年月をかけて根気よく言葉に没頭して辞書を作りあげる人々の情熱に感動した。『新明解』のような優秀な辞書は初版刊行以来、五、六年ごとに全面改訂の新版が出ている。どうやって言葉の意味を正確に伝えるか、どうやって日本語学習に役立てるか、何代かの編集者たちは知恵を絞って、工夫を凝らして、情熱を注いでいる。この心血を無駄にさせないように、辞書を大いに使おう。日本語作文に、日本語学習に辞書を活用しよう。

（執筆・二〇一七年十二月）

張科蕾（ちょうからい）
北京外国語大学日本学研究センター卒業後、現職に就く。青島大学日本語学科教師。日本語教師指導歴十三年。

読みたくなる作文とは

河北工業大学　高良和麻

作文の心得

日本人作家の東野圭吾氏の作品は、全世界で人気がある。なぜ多くの方に好まれるのか。このことをファンの学生に聞くと、「おもしろいから」というコメントぐらいしか返ってこないが、もう少し掘り下げて言えば、作品の中に読者を「惹きつけるもの」、例えば、今までに聞いたことのないような発想で、感動する話やロマンチックな話、ためになる話などが書かれてあるからであろう。逆に言えば、「惹きつけるもの」がない、例えば、当たり前のことやほかの作品と同じような内容などであれば、読みたい人は急激に減るだろう。作文にも同じことが言え、「惹きつけるもの」がなければ、好評価を得ることはない。

具体的なテーマ「もしドラえもんのポケットがあったら、何をしますか？」を使い、少し考えてみよう。このテーマだけを与え、ほかのことは一切何も言わず、学生に作文を書かせたら、「『どこでもドア』を使い、世界中を旅行したい」というような自分のことばかりを考えて書いてしまう作文が目立つ。自分しか読まない日記などに書くなら、これでもいいかもしれないが、作文コンクールに提出するような読者がいる作文となれば、話が変わってくる。もしこのテーマに対し、「物を大きくする『ビッグライト』を使い、限りある資源を増やし、物を小さくする『スモールライト』を使い、ゴミを減らす」などの地球にやさしいことを作文に書いたらどうなるだろうか。思いつかなかった人ならきっと深い印象が残り、この作文は素晴らしいと感動するのではないだろうか。ここで気づいて欲しい、作文も会話も同じで、相手がいることに。ただ作文は目の前に人がいないだけだ。もう一つ、気をつけなければならないことがある。それは、相手である読者のことだけを考え、本心ではないことを書く行為だ。そんな気持ちで書いた作文には、書いた本人の本気度が全く読者に伝わらないだけでなく、無意味だからだ。

まとめよう。読者が素晴らしいと感じるような読みたくなる作文を書きたいなら、「本心から読者を『惹きつけるもの』を含む作文を本気で書くこと」だ。ただそれだけだ。この心得に気づいてもらうために、作文の授業ではグループ学習を導入している。

作文の授業でのグループ学習

グループ学習では、主に二つのことを行っている。

一つ目は、学生同士で切磋琢磨しながら、読者を意識して文章を正しく書く能力を高める学習だ。具体的には、まず一人ひとりの学生が自分の力だけでテーマに沿った作文を書く。次に、書いた作文を、同じグループの友達に読み聞かせ、意見を言ってもらう。最後、その意見をもとに、作文をより良い作品に仕上げる。このグループ学習では、仲良しの友達に読んで聞かせることで、内容について忌憚のない意見や、作文の中の間違えている文法・漢字の指摘など、書いた本人には気づきにくい大切なことが友達から得られる。読み聞かせ後のコメント中、まれに、白熱しすぎて、ケンカになりそうなときもあるが、それだけ友達の作文を真剣に考えている証だと私は受け取っている。ところで、なぜ友達に読ませるのではなく、読み聞かせるのか。その理由は、書いた本人が漢字を正しく読める学習になるのと、聞いている友達の聴解能力を高める学習にもなるのと、読み聞かせたほうがグループの友達一人ひとりに読ませるより、一度で済み、効率的である、つまり一石三鳥だからだ。

二つ目は、「百聞は一見に如かず」という諺の通り、作文コンクールで上位に入賞している作文を読み、どのような作文が読者の心を打つことができるのかをグループでディスカッションする学習だ。内容・表現が良かったところをコメントするだけで終わりではない。このテーマに対し、自分だったらどのようなことを書くかなど、グループの友達同士で言い合ったりもしている。このグループ学習を通し、多くの学生は自分自身で自分が書く作文には致命的な問題点、読者を「惹きつけるもの」がないことに気づくことができる。それだけはない。一読者である審査員の気持ちも知ることができ、自分が書く作文を根本から見つめ直すことができる。

ここではっきり言おう。二つのグループ学習を通し、作文の心得に気づくことができ、作文の授業だけで、正しい日本語の文章をある程度書けるようにはなるが、残念ながら、作文コンクールで上位入賞するような作文が書けるレベルになることは難しい。理由は簡単だ。本心から本気で作文を書いていない、もう少し正確に言えば、本心から本気でまだ書けないからだ。本気で書けないのは、読者を「惹きつけるもの」に一読者でもある書く本人さえわからずに作文を書いているからだ。しかし、言葉で読者を「惹きつけるもの」と言うのは簡単だが、それを具体的に文字にして表すのは難しいと言いたくなる学生の気持ちもわかる。そこで、読者を「惹きつけるもの」の正体を知るためのヒントになりそうなものを、大学で独自に行っている日本語サロンで紹介している。

日本語サロン

日本語サロンと聞くと、会話の練習を想像する人が多いだろう。確かに、本大学でも会話能力を上げることを目的に毎週日本語サロンを行っているが、参加者全員に話しやすそうなテーマを与えて会話するだけではない。本大学の日本語サロンでは、教科書の内容だけでは物足りない部分を補ったり、学生が興味を持ちそうなことを紹介したりすることで、学生自身の日本語に対する学習意欲をさらに高めると同時に、日本語会話能力および思考力も上げるようにしている。例えば、食べることが好きな学生のために一緒に日本のカレーを作ったこともある。その時、学生は日本と中国のカレーの味を比較することができただけではなく、「給食」という日本の文化も実体験することができ、大変喜んでいた。ｉＰａｄで「桃太郎電鉄」というゲームを通し、日本の地理を一緒に勉強した時は、学生は時間を忘れるぐらい夢中だった。もちろん、真面目にディスカッションすることもある。日本の運動会の動画を見せ、日本と中国の運動会の違いについて話し合ったりしたこともある。最近だと、日本で話題の「人生百年時代」を取り上げ、これからの生き方について真剣に考えたこともある。東日本大震災の復興支援ソング「花は咲く」を紹介し、被災者のことを思いながら歌ったこともある。

学生にとって時間を忘れるくらい没頭する体験こそ、作文の心得にある読者を「惹きつけるもの」に繋がる。なぜなら、このような体験内容を含む作文は、一読者でもある書く本人が本心からおもしろいと思い、本気で書いているからだ。今回最優秀賞・日本大使賞を受賞できたのも、私の学生が無我夢中で作文を書いた結果だと思う。今後も、学生が本気で作文を書きたくなるような、まさに学生のやる気スイッチをオンの状態にできるようなことを日本語サロンで取り上げていく予定でいる。

おわりに

作文の心得である「本心から読者を『惹きつけるもの』を含む作文を本気で書くこと」を読者に伝えるために、長々と偉そうなことを書いたが、このレポートも読者を「惹きつけるもの」をより多く含めようと、何度も練り直し、何度も書き直して本気で書き上げたものだ。最後まで付き合ってくれた読者の皆さんにご満足いただけたら、このレポートも読者を「惹きつけるもの」を含む作文だと言えるだろう。

（執筆・二〇一七年十二月）

高良 和麻（たから かずま）

茨城大学大学院博士後期課程修了後、二年間の数学教師を経て、日本語教師になる。二〇一四年四月より河北工業大学外国語学院日本語科教師。

感動はここからはじまる

中南財経政法大学　中村紀子

二〇一七年十月　中南財経政法大学　南風社日本語サロン・ミニ講座

今夜は皆さんに中国人の作文コンクールについてお話ししたいと思います。

二〇一二年に南風社を作った時、私は中南財経政法大学日本語学科を十年で全国的に有名にする目標を立てました。しかし、私達の力で、大学の名前を世に広めることはなかなか難しく、どうすればいいか頭を悩ませていました。今から五年前、偶然、段躍中先生と作文コンクールのことを知りました。このコンクールには努力を認めてくれる園丁賞があるではありませんか！　ここから私達の挑戦が始まったのです。

初めの二年間は試行錯誤の毎日でした。私自身が作文の授業を担当していなかったので、すべてが授業外からの取り組みです。最初の仕事は先輩達への意識改革から。この作文コンクールは個人戦ではなくて、団体戦！　私達みんなで挑戦していく感動の舞台だよ！　と訴え続けました。

さて、四千作品以上の作文の中から、三等賞以上に選ばれる人は約八十名、割合でいうと約百分の二です。かなりの高倍率ですが、いったいどんな作文が選ばれているのでしょうか。

ここには過去数年間の作文コンクール受賞作品集があるので、次のサロンの時に早く来て読んでみてください。入賞レベルがわかったら、声に出して読んだり、特に気に入った作品を書き写してみます。音楽でも、絵画でも一番最初の練習は、お手本を徹底的に真似するところから始まります。作文も同様です。

百人の中の二人に選ばれるには、皆さんがこの作文を書く理由を明確に読み手に伝えられなければいけません。いきなり文章を書きだすのではなく、なぜこの内容なのか、一番伝えたいことは何か、まず作文の設計図やマインドマップを作りましょう。これは作文のことだけではありません。私達の日常生活全般で、なぜ自分はこうするのか、きちんと説明する意識をもち、伝える力を磨きましょう。

テーマ作文の場合、学生が書く内容は絞られてきます。その中でよくある言葉や主張、展開を使うようでは、数千の作文の山の中から手に取ってもらえません。人を探すなら顔を見ます。では、作文の顔は何でしょうか。そう、タイトルです。ピカッと光るタイトルが用意できたら、その作文は半分完成したようなものです。これはどう練習すればいいでしょうか。皆さんは、毎日微信や微博などでメッセージを出していますね。そこに毎回タイトルをつけてみましょう。おもしろいなと思ったら、「賛」をつけますからね。

私が考える素晴らしい作文とは、誰も書かないことを誰もがわかるように書いた「特別で、普通の」文章です。そして、読んでいるうちに読み手が書き手と同化する瞬間があるものです。そのためには自分の文章が人を感動させせられるかどうか、客観的に見つめる視点が必要です。経験した本人でなければわからない文章では説得力が全くありません。

これはこうやって練習していきます。何か美味しいものを食べた時、美しい景色を見た時、かっこいいイケメンや可愛い猫に出会った時、ＳＮＳで私にその感動を伝えてください。言葉がわからなくても、間違っても構いません。あなたの心のわくわくが新鮮なうちに教えてください。私もその感動をたっぷり味わって、私の感動を伝えますから、そこで使っている文法や語彙をどんどんおぼえていってくださいね。

実は一等賞を二年連続で受賞したくんくん先輩（張君恵さん）は、出会った当初は決して優秀ではありませんでした。彼女が他の学生と違っていたのは、毎日毎日私にいろんなことを伝えてきたことです。一年で微博の私信のページが二百枚近くになりました。皆さんはこんなすごい先輩とサロンで毎週会えるチャンスがあります。ぜひ先輩に一等賞をとる秘訣を聞いてみてください。もしかして、私の話より効果的かもしれません（笑）。

もう一度繰り返します。私達中南財経政法大学日本語学科にとって、この作文コンクールは孤独な闘いではありません。南風社の活動の中で感動をみつけ、伝えあい、それを言葉で表現し、より良い作品に仕上げていきましょう。そして、来年いっしょに北京の日本大使館の舞台へ上がりましょう。

※　※　※

前回、今回の作文コンクールでは、南風社の活動に特に熱心に取り組んだ学生が良い結果をいただいた。この感動の舞台を作ってくださった段躍中先生、四年間、物心共にご協力くださった森田拓馬先生、常々的確なご助言をくださる照屋慶子先生、そして、南風社の諸活動を温かく見守ってくださる中南財経政法大学外国語学院の先生方に心より感謝申し上げる。

南風社サロンは学生達が日本語で自分の感動や気持ちを伝えあう場である。最後に　先日、照屋先生からいただいたサロンの感想をお借りして筆をおきたい。

※　※　※

張君恵さんが第5回中国人の日本語作文コンクールで史上初の二年連続一等賞を達成したと聞き、多少なりとも関わった私としては大変嬉しく誇らしく感じている。「素晴らしい」「快挙だ」「歴史に残る」と思う人も、「偶然？」「何で？」「実力？」と思う人もいるかもしれない。

街が国慶節休暇の賑わいを見せる九月二十九日、私は中南財経政法大学日本語学科南風社の日本語サロンに参加した。

開始時間の十九時前、中村先生の部屋のリビングに学生が続々集まってくる。サロン長が沖縄の写真を部屋中に貼り始める。南風社サロンでは時折、ゲストによるミニ講座が開かれ、その日は私が沖縄について話すことになっていた。ＢＧＭの「ハイサイおじさん」と写真のおかげで、部屋には「沖縄」ムードが一気に充満し、南風社サロンが始まった。

一時間半にわたるミニ講座の間、ずっと立ったまま話したり、歌ったり、笑ったり、踊ったりした。実はその一週間前、私は部屋で転倒して、頭と腰を強打して病院に運ばれている。サロンの前は疼いていた腰の痛みは不思議とどこかへ飛んでいた。学生達は皆明るく元気で、私のちょっとした一挙手一投足にも大笑いしてくれた。本当に楽しく充実したひと時を過ごした。

南風社の日本語サロンは、習得した日本語が楽しく実践できる場だ。学生達は笑顔で、しかもきれいな発音で日本語を話していた。きれいな発音こそ日本語教育の基本だと私は思っている。南風社のレベルの高さを実感した。

話す楽しさが満ち溢れている場を用意することが一番大切だと中村先生は考えている。このサロンを六年以上も毎週続けて来たと聞き驚いた。時代の流れとともに変容を見せる学生達に対し、飽きさせない場を提供し続ける事は至難の業だ。

中村先生作詞の「南之風」という南風社の歌も心をつなぐ絆の一つとして代々歌い継がれている。胸がきゅんとなってしまう歌詞と歌声だ。「社歌」「社章」「社訓（結束・結果・継承）」の三つがある日本語学科は全国広しといえども、中南財経政法大学の日本語学科だけだ。

史上初の二年連続一等賞と佳作以上、三等賞以上の受賞者数が全国一になったのは、中村先生が心血を注いで作り上げ、続けている南風社の日本語サロンにあると確信した。長年の異彩を放つ努力の積み重ねとそれを目の当たりにする学生達からの絶大な信頼が結実したのである。

先生はこの南風社の諸活動のほか、中村Ｒａｄｉｏというネットラジオ番組を通して、日々中国の若者に熱いメッセージを送っている。鉄人としか言いようのない活躍である。

（執筆・二〇一七年十二月）

中村 紀子（なかむら のりこ）
一九七〇年生まれ、千葉県出身。立正大学文学部史学科卒。個別指導塾教室長勤務を経て、二〇〇三年湖北省武漢市世達実用外国語学校に赴任。二〇一一年より中南財経政法大学外国語学院日本語学科教師。

文中での出会い

浙江工商大学　賈臨宇

どうすればいい文章が書けるようになるか、と学生によく聞かれる。これはそう簡単に答えられる問題ではない。聞かれる度に、考え込んでしまう。

語彙・文法・構成といった文章作法について語る前に、まず作者（筆者）と読者との関係について考えてみたい。通常、作者と読者は現実世界では会わない。作者と読者との出会いは文章の中で実現するというのが一般的だ。そういう意味では、料理人と客との出会いに似ていると言える。

料理人は店の入口にかけた暖簾や店頭に飾った提灯などの装飾によって、料理の種類や特長を客に伝える。それらは客を招き寄せるための重要な宣伝・広告だ。まず店に入ってもらわなければ、出会いは成立しない。だが、出会いが成立した場合にもその先の道は分かれる。店に入った客は品書きを見て、その中から自分の気に入ったもの、つまり惹きつけられたものを注文する。その料理がおいしければ、さらに別の料理を注文する。そしてやがて足繁く通う常連になることもある。逆に、その店の料理が口に合わなければ二度と暖簾をくぐらないということになる。

それを書籍の場合で考えると、書名つまりタイトルが読者を惹きつける役目を果たしていると言える。まずタイトルに惹かれなければ、読者はその本を手に取りはしない。ただ、タイトルに惹かれて本を開いた場合にもその先にはやはり分かれ道がある。何らかの魅力を感じて表紙をめくった読者は章立て、プロローグを経て、小説世界にのめり込み、作者との「出会い」を果たすかもしれない。そしてその作家のファンになったりもする。逆に、タイトルに期待したのとは裏腹にページをめくるほどに興が覚め、中途で放り出して作者には会わずじまいということもあるだろう。

作者と読者はこのようなかたちで、本の中で出会う。人間の出会いというのは不思議なものだ。いつどこでどういうかたちで出会うのか、予想はつかない。予想がつかないからこそ魅力的でもある。しかし、本の中の出会いというは、果たして偶然がもたらすものなのだろうか。いや、それは偶然などではない。むしろ作者は計画的に出会いを仕組む。策略的にと言ってもいい。作者は自分の表現したいことを芸術的な手法を用いて構成していく。例えば、穏やかな流れから一気に軋轢や葛藤のシーンを組み込み、クライマックスへと盛り上げていったりする。芸術的テクニックを駆使して、読者を笑わせることも泣かせることもできる。この点からみると作者は読者を待ち伏せしているようにも見える。作者は読者を自分の描いた世界に引っ張り込み、自身の感性、センスに共鳴させることを狙う。そしてその狙い通りに共鳴がなされたとき、両者の魂が出会ったということになる。

そこでは読者はまるで獲物のようだ。読者は無抵抗に作者の罠に陥ってしまうということなのか。決してそうではない。実は読者こそが作品の本当の主宰なのだ。しかもわがままな主宰である。どんな文章も読者の好むスタイル・スタンスでなければ、受け入れてはもらえない。もし読み始めても筋が緩むと、捨てられてしまう。作者は一人だが、読者は多数で、好みやセンスがそれぞれ異なる。文章は作者より誕生し、読者によって生き長らえる。ある文章、作品が時空を超えてより多くの読者の心を掴んだとしたら、それは偉大な作品として賞される。世界的な名作には、言語・人種・国家・時代を超えて生き続けるたくましい生命力がある。

ここまで書籍の中の出会いとして語ってきたが、「作文」においても同様のことが言えると考える。

上手な文章を書く秘訣はどこにあるのか。語彙・文法力だろうか。文章構成能力だろうか。ここで、もう一度料理の話を振り返ってみる。料理人はそれまで磨いてきた自分の腕で、手順に従って調理をし、きれいに盛り付け、そして客に供する。いくら食材が素晴らしくても、相応な腕つまり技術を以て真剣に向き合わなければおいしい料理は作れない。料理を文章に置き換えると、いくら美辞麗句を並べてもそこに魂がこもっていなければ意味がないということになる。

「作文」をする時、用いる語彙は自分の使いこなせる範囲の言葉で十分事足りる。美辞麗句つまりきれいごとだけを積み上げても何の意味もない。ありふれた飾り気のない言葉を用いたとしても作者の魂を作品に吹き込むことは可能であり、それこそが肝要である。

作者が自分の思いや考えをどのように文章の中で表現するのか、そこが作品の命であるとも言える。我々は物事に対して執着心を強く持てば持つほど本来の自分を失いやすい。自分の最も表現したいことについては、どうしても力を入れ過ぎてしまい、結局のところ思いどおりにいかないことが多い。

例えば、「私の母親」という題で作文をする場合、「自分の母親は世界一優しい人だ」、「自分の母親の料理はほかの誰が作る料理よりも美味しい」というふうに、真正面から力を入れ過ぎた表現をしてしまうと、詮方尽きたような感じがして好感を持たれない。これは本人の揺るぎない信念から出た言葉ではあろうが、他者の心を打つものではない。この作文において意図することと、それを伝えるための言葉つまり表現がマッチしておらず、どっちに向かいたいのか方向性のわからない状態になっている。男の子はよく好きな女の子にいたずらをすることがあるが、それと同様に表現の仕方に歪みを感じる。この歪みを正し、読者の心を潤わせるような表現を以て読者の心を動かすような文章になるよう努力すべきである。歳月を経て自分の作品を振り返り、あたかも作者（つまり自分）の読者のような気分でいられるか、心境や伝えようとしたことが的確に表現されているか、目ざしてきた方向は間違っていなかったか、と自分に問い質した時、すべて是と言えるものにしたい。

作文から小説まで、広く文章を書くということにおいて、私は次の二点を強調しておきたい。一つは、作者は常に読者との出会い、心の分かち合いに思いを致して文章を書かなければならない。もう一つは、力を入れすぎず、身の丈に合った言葉を用い、方向性を持って文章を書かなければならない。

賈　臨宇（かりんう）
浙江工商大学副教授、日漢翻訳研究所所長。日本学術振興会外国人招へい研究者（S16726）、同志社大学客座研究員、関西大学訪問研究員。中国浙江教育庁日本語教育発展奨励金受賞。日本語教師指導歴十七年。

オリジナリティのある面白い作文を目指して

上海理工大学　郭　麗

何年か前に、日本僑報社・日中交流研究所が主催する「中国人の日本語作文コンクール」の存在を知った。しかし、指導教師として参加させていただいたのは、今回が初めてである。そもそも今回入賞した黄鏡清さんを含む二名の学生から、指導の依頼がなければ、私も勇気を出してこのコンクールに挑戦してみようと思わなかっただろう。もともと私が怠け者なのもあるが、私自身が指導力に自信をあまり持たなかったのが正直な理由である。

そのため私は、彼らに対して「私は作文授業を担当したこともないし、初めてこの作文コンクールの指導教師になったから、せっかく書きあげた作文も入賞しないかも知れないよ。そのときは先生を責めないでね」と冗談まじりに断ろうとした。すると、彼らは「いいえ、全然。私たちは先生のことを信じてますから。入賞できなくても、私たちの能力が足りないからです。先生は関係ありませんよ」と言ってくれた。その時私は、信頼されている、と感じてちょっと安心しただけでなく、自信と責任を感じた。たぶんこういう信頼関係がなければ、作文指導はうまくいかないものだろう。

今年のコンクール課題は①日本人に伝えたい中国の新しい魅力、②中国の「日本語の日」に私ができること、③忘れられない日本語教師の教え、という三つのテーマからの択一であったが、私の指導した二人の学生は自分の経験や知識などに基づき、それぞれ①と③を選んだ。そして、①を選んだ黄さんという学生が、今回一等賞を受賞した。なお、受賞できなかった方の学生も、準備過程において大変勉強になったので参加してよかったと言ってくれた。

私は少しでもオリジナリティのある面白い作文を書いてもらうための準備をした。まずは彼女たちのために、事前に色々と関連する参考資料を調べたり、今までの優秀な作文を自分なりに分析したりした。それから、一種のカウンセリングのようなやり取りの中で、本人が一番興味があり、そしてうまく書けそうなテーマを選び出すことにした。これは簡単そうに見えるが、そもそも本人にある程度豊かな人生経験と高い思考力があり、それを教師の側が汲み取ってあげなければ、意外と難しい。このあたりは短い文章では書ききれないが、たくさんの時間を取って話をしたのは確かだ。

ここで、「蒔かぬ種は生えぬ」ということがある。つまり、日頃から色々と工夫して学生の思考力を高めておかなければ、オリジナリティのある面白い作文を書くのは難しい。つまり種まきが重要なのだが、これには時間がかかる。私は大学一年の後半から黄さんを教え始めたが、そのときから彼女の賢さと熱心さに気がついていた。そして彼女もよく私のところに質問などに来てくれていた。時々上海では、日本関係のイベントに参加するチャンスがめぐってくる。そんなとき、学生たちに知らせると、真っ先に進んで参加してくれるのが、やはり黄さんだった。こういったことが、いわば種まきにあたったのであろう。

ところで黄さんの作文に出てくる「里美ちゃん」という日本人の女の子は、彼女の日本人の友人だ。一年余り前、日本のある大学からやってきた「里美ちゃん」を連れて、黄さんは上海の色々なところへ行った。上海で3週間を共にした二人は、深い友情を結ぶに至り、その後もお互いに連絡を取り合っている、と聞いている。そういった活動や、環境保護のイベントなどに彼女は参加しているという事実を、彼女から聞き取った私は、これらを材料にして一品の「料理」を作ろうと考えた。

黄さんが私に伝えてくれたのは、いわば料理に使う生の材料である。それをただブツ切りにして並べるだけではだめで、料理を作るのと同じように加工し、加熱し、調味しなければならない。ただここでも日本料理と中華料理の違いみたいなものはある。日本料理は素材を生かした調理法である。私は日本式で行こうと思ったが、とりあえず黄さんに中国語でこのテーマについて文章を書かせてみた。

その中国語の原稿を見たところ、私はこの素材で行ける、と確信した。もちろんそのままでは日本語の作文にはならない。いい作文というのは、分かりやすい単語や言い回しを使い、論理的に考えを読者に伝えることができる文章でなくてはならない。まずその点は後回しにするとしても、日本語と中国語の間には、両方とも漢語などが多いため、よく似ているが意味が違う表現も多い。それぞれの文化で好まれる表現にも大きな違いがある。そのため、いくらいい素材を使った中国語作文を直訳しても、いい日本語作文にはならないことがある。中国のラーメンが中華料理の文脈からはなれて、日本の料理になるためのプロセス、みたいなものがあるはずだ。これも簡単に説明できないのだが、作文で多用される修辞法などには、特に注意が必要であるように思う。たとえば学生の中国語作文の書き始めによく出てくるような「中国の歴史は長く、その文化は悠遠である」みたいな言い方は、日本語作文ではくどすぎて、ほぼ不要である。黄さんの文章にも同じような問題点があった。それで、堅苦しくてくどい表現は避けたほうが自然だと思い、指導した。

それから、読者の存在を意識することが重要だ、という話もした。筆者の考えがきちんと読者に伝わるためにはどうするか。読者の立場に立って書くことだ。読者が面白いと思い、関心を持ち、もっと読みたいと思うのは、どんな文章だろうか。黄さんの場合、せっかく「里美ちゃん」という人がいるのだから、この人に送る手紙、という形式を取るのはどうか、と提案した。よくある普通の作文よりも、興味を持って読んでもらえるかも知れない。さらに、文章の量の上限があるので、一旦書いたものをどんどん削る必要がある。その作業を通して、いくらいい作文の材料でも思い切って捨てなければならないことがある、と意識させた。テーマと関係がない材料は捨てるべきだ。

最後に、わが上海理工大学日本語学部の日本人教師である福井祐介先生には、さまざまな助言を受けた。また、最終的な言葉面の添削作業も福井先生に任せることになった。この場を借りて、心から感謝の意を申し上げたいと思う。

そして、この文章の中でたびたび出てきた、学生の黄さん。彼女は私のことを信頼してくれ、進んで作文指導を受けたいと申し出てくれた。この出発点がなければ、今回の受賞もあり得なかった。おかげさまで、黄さんの作文は、オリジナリティがあり面白い、と多くの人に評価してもらえた。私自身も、一人の教師としていくらかの自信をつけ、次のステップへ踏み出すきっかけになったような気がする。「教えることは学ぶこと」という。

まさに私も黄さんにいろいろ教えてもらった気がする。改めて、彼女にもありがとうと言いたい。

最後に、このコンクールを主催されている日本僑報社・日中交流研究所の皆様、協賛・後援をしてくださっている企業・団体各位、および日本大使館の皆様、私どもにこういうすばらしい機会を与えてくださって、本当にありがとうございました。心からの感謝の意を申し上げます。

郭麗（かくれい）
一九七七年生まれ。武漢大学日本語言語文学学部卒。二〇〇二年より上海理工大学外国語学院日本語学科教師。

書くことは「考える」こと

同済大学　池嶋多津江

書くことは「考える」ことである――私が作文の授業において、繰り返し、学生たちに説いていることである。ある光景を見て、何かを感じ、そして、考えれば、自ずと心の中から「ことば」が湧き上がり、それを書き留めておきたくなる。社会的な事象を目にし、あるいは耳にし、そのとき考えれば、自ずと社会科学的に分析し、それを文章化したくなる。書き留めた「ことば」はその人の「感性や人生観」を豊かにし、分析、思考した結果生まれた「文章」はその人の「思想」になっていく。「考える」ことは自ずと人にペンを執らせるのである。

私が作文の授業において、まず、学生に求めることは「自分を知る」ことである。「自己分析」といってもよい。「感じ」「考え」「書く」主体は「自分」である。「自分」を知らずして、文章を書くことはできない。私たちは日々、無意識のうちに、「ことば」で感じ、考え、伝えるという行動をしているが、感じるのも、考えるのも、伝えるのも、その主体は「自分」であり、「ことば」を選ぶのも「自分」である。「書くこと」は「自己表現」そのものと言えよう。

学期初めに必ず書かせるテーマは「自分の名前の由来と私の人生観」である。名前は自分を象徴するものであり、他者と自分とを差別化して、自己認識するのは「名前」によってだからである。学生たちは自分の名前の由来、親がその名前に託した「願い」を再確認し、さらに、自分が名前によって無意識に規定されてきたことに気づき、このテーマで文章を書く過程で、自ずと自己分析をし、自分のそれまでの生き方を振り返り、自分の未来像を描き始める。書き終わる頃には、学生たちは皆、自分や自分の未来に対して「肯定的」になり、表情が輝いてくる。なんとも嬉しく、不思議な時間が経過していくのである。若い学生たちにとって、自分の名前について「考える」ことは「未来を描く」ことにつながっていくようである。

その後、テーマは「私の故郷」「私はどうして日本語を学ぶのか」「私の職業観」と続き、アイデンティティーの基盤となっている「自分が生まれ育った場所」「学問的立脚点」「将来への展望」へと思考を展開させていく。これが私の作文の授業の〈1st Step〉である。〈1st Step〉が終わった段階で学生たちはかなり、「自分について知る」ようになってくる。文章もだんだん自信をもって書くようになってくる。「自分が何者であるか」を知ることにより、「主体性」が自ずと身についてくるのである。

〈2nd Step〉では〈賛否の意見を述べる〉練習をしている。〈1st Step〉で自分の立脚点が確認できたところで、自分を取り巻く社会の様々な事象について社会科学的な視点から「考える習慣」を身につけることがねらいである。賛否の意見を述べるための段落構成（立場の表明↓理由↓対立する立場への反対理由↓結論）を教えたあと、社会科学的に分析して思考し、自分の意見を論理的にまとめ、表明する実践練習をさせている。文系の学生にとって社会科学的なものの見方、分析、考え方は苦手のようであるが、このような学問的姿勢は、これから社会の中で職業人として生きていく際に必要不可欠な姿勢である。この視点が欠けていると、「生き方」の舵取りを間違えることもあるからである。

この時期になると、学生たちは文章を書くことに抵抗がなくなり、というよりも、文章を書くことによって「自己表現をする楽しみ」を知るようになる。教師の側も、添削する苦労よりも、学生たちの視座や自由な発想に驚くことが多く、読むのが実に楽しい。作文はクリエイティブな活動である。特に語学を学んでいる学生は、日々の授業の中で、自分の考えを「発信」する機会が少ないので、作文の授業は貴重な「発信」の機会と言えよう。

〈3rd Step〉の〈小論文を書くための第三ステップ〉の前にいつも取り組んでいるのが、〈パラグラフ・ライティング〉である。ＴＳ（設定したトピックについて一番主張したいこと、つまり、結論あるいは要旨を述べる）↓ＳＳ（結論について根拠を述べ、証明・説明する〉→CS〈結論の確認〉の書き方を習得することによって、論理展開が格段に明確になるからである。

学年の後半で取り組むのが〈3rd Step〉—〈小論文を書くための第三ステップ〉である。〈ある意見について、その理由・原因を考えた上で自分の意見・解決策を述べる〉練習をしている。段落の構成の仕方（①課題についての事実関係の確認と現状分析・その原因→②課題に対する自分の意見・理由→③結論）について学ぶ。実際に取り組んだテーマの一つは「『就職後数年で会社を辞める若者が増えているのは問題だ』という意見がある。なぜこのような意見が出るのか検討した上で、この意見に対するあなたの考えを述べなさい」というものである。テーマを設定する際は、現状分析をして考えることが自分の生き方と密接に関わるものを選択している。「すべての人は勝ち組と負け組の二種類に分けられるという意見がある。なぜこのような意見が出るか検討した上で、この意見に対するあなたの考えを述べなさい」というテーマについて、学生の考え方を書かせたことがあるが、学生たちが優秀で、大学に入学するまで「負け」を経験したことがなかったのが、不安と同時に驚きであった。

最後は〈4th Step〉——〈小論文を書く〉である。小論文の構成を説明した後で、「中国における『情報化社会』の問題点」について小論文を書かせた。時間による制約があるので①序論（事実関係・現状分析）⇓②本論（調査結果の提示／具体例の提示／問題点の明確化／問題点に対する自分の意見・解決策など）⇓③結論（将来への展望を含む）の段落構成で書かせた。〈事実の確認と現状分析→思考→結論〉の習慣が確立されてきているので、説得力のある小論文を書くことができるようになっていた。間もなく卒論を書く時期が来るが、どのような卒論が完成するのか楽しみである。

この一年は、自分についても、社会のさまざまな事象についても、とにかく、「『考える』ことを習慣づける」ことを授業の中心に据えた。同時に、人間は「ことば」で感じ、「ことば」で考え、「ことば」で伝えるので、「ことば」の重要性を訴えた一年でもある。多くの「ことば」を知ることで「感性」が豊かになり、「共感」の幅が広がり、「思考」が深まることを強調した。また、「ことば」は人間の在り方やものの在り方を規定する役割も果たしていることも強調した。同じ光景を見ても、同じ事象に直面しても、それを描写する「ことば」は人によって異なり、その「ことば」によって、その人の人間性や価値観、人生観、世界観が如実に表れる。従って、ことばの選び方には慎重であってほしいということも説いて聞かせた。「世界は言葉でできている」と誰かが語っていたのを聞いたことがあるが、「人間は言葉でできている」とも言えるのではないだろうか。

「文は人なり」――まさに言い得て妙である。作文指導は「日本語教育」の集大成である。

（執筆・二〇一六年十二月）

池嶋 多津江（いけじまたつえ）
津田塾大学学芸学部国際関係学科（国際法）卒。三菱東京UFJ銀行外国為替課（在職中は「東京銀行」）。The Bank of New York Mellon 東京支店外国為替課。私立高校英語科教諭（二〇一一年定年退職）。
［日本語教師指導歴］
Emilio Aguinaldo College（Manila, Philippine）、東京ワールド外語学院、秦皇島市実験中学（別名：河北秦皇島外国語学校）日本語学科外籍専家、早稲田言語学院。二〇一五年～現在 同済大学外国語学院日本語学科 外籍専家。

この難しい作文をどう書くか

山東政法学院　藤田炎二

このコンクールの作文は難しい。日本と中国という、明らかにうまくいっていない隣国同士の関係を前提にして、文化への興味や個人への信頼といった、まるで蜘蛛の糸のような細い可能性をのぼっていく必要がある。歴代の日本のどの首相も、歴代の中国のどの主席も思いつかなかった両国の明るい未来への答えを、日本語の勉強を始めて数年の若者に求めるのは、荷が重すぎるようにも思われる。

日本文化や日本人の魅力をほめれば、場合によっては「売国奴」のそしりを受けかねない。では、日本の悪口なら、どうか。これはそもそも、日本語の作文として書く意味がない。

指導する側の悩みも深い。学生の文章に登場する、私から言わせれば、明白に誤っている事実や社会、歴史など様々な認識をそのままにして、文法と表現だけを直すわけにはいかない。直すべきは、まず、認識のほうだ。しかし、学生が自らの国の教育の中で培った認識を、外国人が一方的に触ることはできない。

では、一体、何を書けばいいのか。

私の学校の学生の半数近くは、「調剤」の制度で、希望ではなかった日本語科に振り分けられ、日本語の勉強を始めた。しかし、二年、三年経った今では、日本語の勉強や日本が好きという学生のほうがはるかに多い。

そんな彼らには、日本語がペラペラになって、こんなことがやりたい、あんなこともやりたいという夢がある。だったら、「日本語を勉強してやりたいこと」を書いてもらえばいい。

「日本語を勉強してやりたいこと」を徹底的に書いてみる

このテーマは初級の作文参考書にもよく出てくるが、最も入口のテーマのように見えて、コンクールであれ、企業の面接であれ、日本語を勉強する人にとっての最終的なテーマなのである。

以前、私のいた新聞社の入社試験でも、面接するほうは、「なぜ、この仕事を選んだか」「あなたが本当にやりたいこと」を一番知りたがる。なぜ、それをやろうと思ったのか？　きっかけは？　背景は？　始めてから具体的に何をした？　面白いことは？　困ったことは？　今、自分はどの段階？　次は何を目指す？　最終的な目標は……。

何も事情を知らない面接官がわかるように、質問に答えるのはなかなか難しい。まして、書くとなると、いっそう難しい。

多くの学生からはこんな作文が返ってきた。「私は日本文化が好きだから、日本語科に進み、毎日、一生懸命勉強している。将来は日本に行って、もっと日本社会を知りたい」。日本文化って何？　一生懸命ってどのくらい？　日本社会の何を勉強するの？　これでは、作文にならない。

なぜ、自分は日本語を勉強しているのか、徹底的にそれを見つめてもらうことなしに、この作文は書き出せもしなければ、完成もしない。

そこで、私は「中国語を勉強してやりたいこと」という作文を書いて生徒に読んでもらうことにした。私の作文は、亡くなった父が中学時代を旧満州の新京（長春）で過ごしたこと、私が子供の頃、父が北京から飛んでくるラジオ放送を聞いていたこと、中国語の美しい響きが私も好きだったこと、経済発展前の中国では生活のできる仕事はなく新聞記者の道を選んだこと、三十年勤めた新聞社を辞め、中国語の勉強を始めて中国で教師の道を選んだこと……、を綴った。

多くの学生は、私が求めている作文がどんなものか、イメージをつかんでくれたようだった。しかし、だからと言って『本気』の作文に挑戦しようということには、なかなかならない。心や考え方の襞に触れるような話を書くには、日本語の能力もさることながら、それをさらけ出す決心が必要だからだ。

信頼されなければ、本気の作文は書いてもらえない

初めて作文コンクールに応募した昨年、日本語クラスの三年生は十六人。「先生、作文書いてみました」と言ってきたのは二人だけだった。私が勧める学校は、作文コンクールへの応募で学校の成績が加点されることもないし、学生の側のインセンティブはほとんどなく、今の

日中情勢にあっては、自らの心をさらけ出すのは躊躇するに違いない。

さらに、大きな問題は、最初の読者となる私が、みんなの心の襞や考えをさらけ出せる信頼を得ているかどうかだ。信頼を得ていなければ、決して、私に心の中を披露してはくれないだろう。

私は日本経済新聞で記者をやった時間よりも、記者の原稿を判断し書き直すデスクをやっていた時間のほうが長い。経済記事は、他の記事よりも客観的に見えるが、実際はその経済記事の軽重の判断は一般の記事よりも人によるブレが大きい。信用できるデスクのもとにばかり特ダネが集まってくる。信用の薄いデスクには記者は皆、原稿を出したがらない。

新聞社であれ、学校であれ、これは同じだろう。その意味で、昨年、私は十六分の二の信用を得ただけだったということだ。二年目の今年の三年生は二十二人。今年は七人が応募を決心してくれた。

まだ一行も書いていなくても、自分をさらけ出して書いてみようと決意した時点で、もう、この作文は半分は出来上がったと言えるかもしれない。一番の困難はもう越えた。後は、どう書くかだ。

学生が持ってきた作文を見ると、心に引っかかっているところが、あれもこれもと並んでいる。表現や文法的な間違いを直しても、せっかくの、思いが伝わらない。学生には、この作文を誰に向けて書くのかをはっきりさせるよう求めた。「日本留学に反対する両親に向けて」「日本を嫌っている祖父に」「まだ見ぬ、日本人に」「日本へ行きたい自分に」……。

誰に向けて書くかをはっきり認識する

誰に向けて書くかをはっきりさせることで、自分が一体、何に引っかかっていて、何のために誰に何を伝えればいいのかが、一気にはっきりする。ほとんどの学生が、最初の作文のテーマを自分で見直し、書き直してきた。誰に向けて書いたかがはっきりすると、かえって、テーマは普遍性を持つようになる。

ある学生は、姉が日本人と結婚することになった話、別の学生は、家に古くからあった祖父の日本製自転車の話、また、ある学生のは、教室の前に咲いた桜がモチーフだった。七人全員がそれぞれのモチーフを提示してくれた。

文法や、より正確に気持ちや事実を表現する言葉遣いなどは、中国語も日本語も使って、徹底的に話し合った。ほとんどが一対一で、一回は三〜四時間。終わると一緒に、美味しいものを食べに出る。多くの学生はこれを十回、少ない学生でも五回はこんな機会を持った。学生も私も校内の寮に住んでいるからこその指導法だろうが、学生以上に、私が中国の学生の考え方を知る貴重な機会ともなった。

書く前に懸念していた、認識の違いが問題になることはなかった。よく考えると、足元を見つめ、未来を見つめている人たちの間に、そんな大きな認識の違いが生まれるはずはないのだ。

三十数年前、入社してすぐの新聞記者研修で、先輩記者が「犬が人を噛んでもニュースにならないが、人が犬を噛んだらニュースになる」という英国の新聞王アルフレッド・ハームズワースの言葉を紹介したことを覚えている。当時、「なるほど」と思ったが、今は全然、そうは思わない。人は犬を噛んだりしない。もし、そんなニュースがあったら、それは嘘に過ぎない。

今回の応募を終えて、彼らがそろって投げてくれた言葉が嬉しかった。「先生、入賞するとか、しないとか、もう、どうでもいいんです。私は、自分を見つめて、自分の中に私なりの答えを見つけることができました。これで十分です」

作文の授業の締めくくりに、私は今、三年生二十二人に向けて、この指導法の拙文を書いている。応募した学生にも、応募しなかった学生にも読んでもらおうと思っている。役になど立たなくても、目の前にいる日本人はこんなことを考えているんだと感じてもらえれば、中国二年目の私の作文授業は終了だ。

（執筆・二〇一六年十二月）

藤田 炎二（ふじた えんじ）
一九五八年生まれ。早稲田大学法学部卒。流通経済部記者、消費産業部次長、山口支局長、電子報道編成委員などを経て、二〇一四年より山東政法学院外国語学院教師。

作文は「人」をつくる

武昌理工学院　半場憲二

私が中国人の学生たちに作文の指導をすると言っても、残念なことに、多くの学生にとって、作文の授業は苦手科目の一つのようです。しかしながら、日本語教師をする以上、作文を書かせ、あるいは書くことの意義を説き続けなければなりません。今回はそのよい機会です。これまでの作文や作文授業を振り返りながら、自分なりの考え、思い、つたない指導法を記したいと思います。

一、作文はコミュニケーション能力を高めます。

外国語学院日本語学科の学生たちは、一年生の初めは、初めてみる日本人とか、目新しい日本語の音や形に心弾ませ、目を輝かせながら学んでいます。教師のあとに続き、「あ、い、う、え、お、か、き、く、け、こ」などと練習しているときが、まさにそれです。私は、このときから、学生に作文の授業を意識づけており、「正しく書く」ように指導します。

二年生の前期くらいになると、卒業の条件に必要な日本語能力一級ないし二級試験の合格を目指します。中国人の先生方の指導もあり、学生は覚えたての単語や習得したばかりの文法を使って会話をしたり、文章を書いたりします。日本語能力試験の赤本（文字・語彙）や青本（文法）を持ち歩き、独学している姿をみかけます。学業に対する取り組み方に差が現れます。「学生らしさ」を醸し出すと同時に、遊びのほうもだんだんと忙しくなっていきます。

そして二年生の後期か三年生の前期で日本語能力二級ないし一級試験に合格してしまうと、どこか「やりきった感」が出てしまい、勉強に興味を示さなくなります。会話は苦手でも作文は上手などという学生がいます。この時期に作文授業を開始する意義は大きいと思います。

作文は、書いては消し、消しては書くという作業の繰り返し。文献や資料を探したり、引用をしたり、学生の「思考」すなわち「知的作用」を高めます。もちろん、最終的には母語の能力が決定的な要素を持っていますが、言葉を紡ぐ作業は、「コミュニケーション能力」を高めることにつながり、後の就職や留学の筆記試験、企業や大学院の面接などに役立つと指導します。

二、作文指導は、中国人教師と連携するのがベストです。

外国語学院では主に中国の先生方がインプット(input)、日本人がアウトプット（output）という役割分担が一般的かもしれません。作文はアウトプットですから大抵の大学・大学院では日本人が担当していることでしょう。作文授業は二年生後期、または三年生前期から始まると思いますが、この時期、学生の固着した文法・用法の誤りを直すのは至難の業です。

その上、「文字を綺麗に書きなさい」「表記法（点や丸の打ち方、カッコの置き所など）を丁寧に書きなさい」などと指導しても、多くの学生は「そんな細かいことを言わないで」といった感じで、厳密さを嫌います。この現象はTwitterやSNSなどを使い、いつでもどこでもコミュニケーションが可能となった反面、「Twitter疲れ」や「SNS疲れ」といった言葉に代表されるように、長時間の「思いつき」のコミュニケーションが許容されるため、作文の授業にもその影響が出ており、コミュニケーションの「質」が問われ始めているのかもしれません。

大げさに言えば、医者が手術を失敗したら、患者は死んでしまいます。弁護士が依頼人の弁論を軽んじれば、ありもしない罪を背負わせてしまいます。というように、通訳や翻訳を目指さずとも、作文の授業では言葉遣いに敏感であり続けるよう、繰り返し、指導します。

その意味では、これまでの役割分担から少し離れ、ときに中国人の先生方にお願いし、日本人の添削した作文を読んでいただくなどし、学生たちのインプット（input）に反映させるのがベストです。

三、作文授業は作法、修練の場です。

(1) 授業中に書かせる

作文を宿題にしようものなら、与えられたテーマをインターネットで検索し、文章をつなぎ合わせてくるという不届き者が少なくありません。脈絡がないどころか、同じフレーズを発見することがあります。全員がそうとは限りませんが、「蟻の穴から堤も崩れる」という言葉があり、学習態度の悪化を招くようなことはしません。

「この先生の授業は簡単・楽勝だ」「授業中に書けなければ宿題でやればいい」などと思われないために六百字～八百字くらいでしたら、連続二コマ（九十分）の授業のうち、四十五分～六十分内に終わらせるようにします。

(2) 自分にしか書けない内容にする

どうしても宿題を出す場合は、内容ではなく、推敲の訓練、字数の鍛錬という形にします。最初は六百~八百字、一月ごとに増やしていき、字数が増えますから、授業中に書き終えない学生は次週提出となりますが、毎週新しいテーマで作文を書かせますから、必然的に「在庫」が増え、重層的な作業となります。

インターネットの検索にかからないようなテーマを選びます。そのまま書き写すわけにはいかないようなもの、「日本の対中ODAについて自分の考えを述べなさい」『十年後の日本とわたし」など日本の大学入試によく出るテーマに、自分の考えを述べるようにしたり、「中国の大学受験『高考』の問題点」など、学生自身の体験を踏まえたものに新聞や書籍の引用を認め、組み合わせたものを書かせます。

(3)字数や期限を遵守し、内容がよくても、減点はある

文体、表記法、数字や句読点の使い方など「筆記上のルール」は、一度説明をすれば理解しますが、大学生なのですから、基本的に自分で調べ、書くように指導します。その結果、作文内容に努力のあとが見られても、誤字脱字、文法や句読点の使い方に間違いがあれば一点ずつ減点します。ルールに従わなければ不合格です。

四、作文は共同作業ですすめます。

そうすることによって、学生から意外な反応があったりします。例えば、「私は日本へ行って櫻が見たいと思う」と書いた学生がいます。「さくら」と読めるが、「櫻」とは書かない。「常用漢字の『桜』を使うとよい」と指導します。また「但し」は、「漢字がよいか、平仮名がよいか」との質問には、「文章を見渡し、全体的に漢字が多いときは平仮名で、漢字が少ないときは漢字で書いたらどうか」そうすると「読みやすくなるから」と提案します。

私は、書くばかりではなく、添削もやらせることがあります。これには学生たちも驚きます。なぜなら、「日本人が添削したから絶対正しい」「教師が添削したから正しい」という固定観念を捨ててほしいからです。はじめに書いたように、多くの学生にとって作文は苦手科目の一つです。原稿用紙が「真っ赤っか」になって返ってくると、学生たちは気力を失ってしまいます。

まずは学生が同世代の意見をもらったり、批評を述べたり聞いたりすることで、作文の苦手意識を軽減させるのです。ただ、自由闊達な意見交換を推奨しながらも、添削者の氏名を書いて提出させ、添削した学生に責任をもたせなければなりません。添削者が書き手と異なる方向へ導いてしまうときもあります。わたしたち教師がそうあらねばならないように——書き手、学生の立場を尊重し、意図的に大きな変更を加え、こちらの価値観に引き込まないよう指導しなければなりません。

五、作文は「人」をつくります。

三年生の後期または四年生の前期残りの授業二カ月にもなると、日本語学習の追い込みをかける時期です。学生たちは就職や留学の筆記試験、企業や大学院の面接などに意識が向いています。他大学の若者たちとの競争にさらされていることを自覚します。日本語能力試験一級合格証を持っている学生がほとんどでしょうから、残されるのは会話能力、その中でも「敬語の使い方」になるかと思いますが、作文の授業も馬鹿になりません。

例えば、すらすら、さらさら、ひりひり、ずきずきなどなど、擬音語や擬態語が上手に使えるようになると日本語の表現力が増します。私は『擬音語・擬態語カード』を一枚一枚デジカメで撮り、それをＵＳＢに保存し、授業中は投影機で拡大しながら読み聞かせしています。ノートに記録し終わったあとは、その日その場で文章を作らせます。

また類似表現、例えば「いろいろ」と「さまざま」の違い、「まもなく」や「そろそろ」の違いなども、大学生のうちに使い分けられるようにしたいところです。それまでの説明では、「話し言葉」と「書き言葉」の違いだと簡単に済ませていたものが、実際の会話と作文の用法の違いなど多くのことに気づかされると、自分は教師としても、人としても成長している気がします。作文は「人」をつくります。学生たちが思考し、言葉を紡ぎ、知的な作用を高め、それを楽しめる「人」へ成長してくれるなら教師冥利に尽きます。

とはいえ、まだまだ私の知識と経験は浅い。ご意見やご批判をありがたく頂戴し、新しい文献や資料、教材研究を進めながら、今後の指導の糧にしたいと思います。

（執筆・二〇一五年十二月）

力をつける作文指導法

大連理工大学城市学院　閻萍

「日本語作文コンクールの作文を書いてみませんか」と学生に聞いてみたところ、「先生、すみません、普段は四百字ぐらいの文章しか書いていないので、いきなり千六百字ぐらいの作文を書くのはちょっと……」という答えがほとんどだった。それだけではなく、「コンクールだから、うまく書かなきゃいけないし、私にはできるもんか……」とすぐ諦める学生もいるし、「オリジナルの作品を書きたいけど、今、頭の中で何も浮かばない……」と嘆く学生もいた。

では、なぜ学生達はこのように思っているのだろうか。その理由を分析するために、学生達の日本語学習の現状について簡単に紹介したい。

まず、私が今教えている学生のほとんどは、大学一年生から日本語の勉強を始めた学生たちだ。そのため、大学の二年生と三年生になると、日本語のレベルは、それぞれ日本語国際能力試験の二級と一級前後の程度だと考えてよい。また中国国内で実施された日本語四級の試験に合格するために、学生全員は授業で六十分以内に三百五十～四百字の作文を書き終わらせる練習をしている。その中の約三％の学生は日本語八級の試験の準備で、四百五十～五百字の作文の練習も個人的に行っている。その結果、学生たちは四百字ぐらいの文章は書き慣れているが、長い文章は書けなくなっている。

それから、今の学生たちは大学受験に合格してから、作文を書くことはめったにない。日本語どころか、中国語の作文でさえ、書くのは自信がないという学生は少なくない。資格試験の直前にいくつかの例文を暗記し、それをまね、決められたテーマに沿ったものだけを書く。コンクールに出す作品を書くことは、自分にとって絶対無理だと思い込んでいる学生が多い。

最後にまた、オリジナルな内容を書く事にこだわりすぎてしまい、何も書けなくなる学生がいる。一方ではネットサーフィンの常連さんである若者だが、ウェブサイトを通じ関連情報を収集することに慣れている。しかし、膨大な情報と知識をどのように選別、活用し、自分なりに新しいものを生み出すかという能力、努力が欠けているようだ。

当時の私は教師として、押されても前へ進まない学生達のことに悩んだ。そこで、私は次のことを考え、実行してみた。

第一に、作文の授業で徹底的に、書くための基礎知識を教え、短文のほか長い文章も書いてもらうようにしている。

一、基礎編において表記の仕方や句読点の使い方や書き言葉の普通体と連用中止形や、話し言葉と書き言葉の区別や文章の構成などについて紹介する。その中で学生にとって一番難しいことは話し言葉と書き言葉の区別である。たとえば話し言葉の「だから」「でも・だけど」「あんまり」「とっても」「やっぱり」「どんどん」「ぜんぜん」「ぺらぺら話す」「なんか」はそれぞれ書き言葉の「したがって」「しかし・だが」「あまり」「非常に」「やはり」「急速に」「全く」「なめらかに話す・軽い口調で話す」「など」と対照して教える。

二、表現編において場所、因果関係、伝聞・引用、変化などを表現する短文を教える。「〜から」「〜(の)おかげで」「〜によると〜そうだ」「(動詞)ようになる」などの文型を例文の中から探し、その使い方をマスターさせる。さらに適切な言葉で空欄を埋めるなどの練習問題を解き、文法に従ってやや短い文を書く訓練をしてもらう。

三、最後の実戦編においては要約文、説明文、意見文などの例文を出し、説明したうえで学生たちに書いてもらう。最初は四百字の文章を書かせる。それから長い文章を書く。「八百字の文章を書いてください」と教師が学生に言った時、不満の声が聞こえたが、教師の指示通りに書いてもらううちに学生たちは段々上手になり、不平の声が聞こえなくなった。八百字の文章が書けるようになってから、また四百字の作文に戻る時、わりあいに簡単に書けるようになった。

第二に、うまく書きたいと思っているのに、上手に書けない場合、「うまく書きたい」と思う意識が強すぎる事に問題があると指摘し、その考にこだわらずに素直な気持ちで書けば、自分なりのいい文章を書けると説明してあげる。

学生たちにきちんとした文章を書きなさいと教えるが、支離滅裂な文章でなければ教師としては評価する。つまり意味が通じないような文章は書いてはいけない。人称を途中で変えてしまうことや、文体として「です、ます」と「だ、である」を混在させることは通常良くない。文章を書くときに大事なのは、筆者の考えがきちんと読者に伝わる文章を書くことだ。「上手に書かれた文章」はその結果なのだ。これらのことが分かればすぐに作文を書けるようになると考える。

それから作文を書く時に読者の立場に立って書くことは肝要だ。例文を暗記した後、辞書を調べながら書くより、今知っている正しい日本語を使い、文を短く切った簡潔な文章を書いたほうがよい。文章の精度を上げようとするならば、自分で使う言葉を選び、質を上げるには、簡潔な文章にする作業を行う。いい作品というのは、わかりやすい日本語を使い素晴らしい考えを読者に伝えることができる文章ではないだろうか。

第三に、「オリジナル」であることに対し、過剰に拘らないことである。

なぜならば、どんな物語でも作品でも、「先人の作ったものを念頭に入れながら、派生として新たなものを作ること」なのである。新たなものを作ることができるのは、たくさんのものが以前に作られているからである。だから純粋な「オリジナル」というものはまれである。普段に使われているオリジナルとは先人が作った作品を踏まえたうえで、なぜか現在まで触られたことのない分野について初めて描いたものではないだろうか。オリジナルはたった一つの新しい側面だけでも示せればいいと考える。

つまり今言っているオリジナルを目指すには、過去のものを知っておくことが重要である。ネット上の役立つ情報、今までの優秀な作品に目を通し、分析した上で、新しい側面から見た作文を書くことが大切だと考える。

第四に、より多くの学生に日本の文化と作文法を知ってもらう目的で日本語翻訳作文サークルが設立された。主旨は限られた授業以外の時間をうまく利用し、日本語の小説や作文の面白さを知らせ、学生の読み書く意欲を高め、学生と教師、学生相互の間でやり取りを活発にすることだ。〇人から始まったクラブは今や一年生から四年生までの約八十人余に増え、大学の正式なサークル団体としても登録されている。サークルは日本語に興味のある学生を対象に、定期的に作文の講座を設けるほか、学生は先生と一緒にサークル専用のブログを作り、文学作品、作文コンクールの関連情報などを載せ、お互いに感想などを交流しあう。またウェブのコミュニケーションツールを利用し、疑問を持つ学生は先生と常に連絡できるようにしている。

以上述べた内容を要約すると以下の様になる。

一つ目、日本語を勉強する時間数が足りない学生に対し、まず作文に関する基礎知識をしっかりマスターさせる。更に既存の資料、出版物などを活用し、今まで学んだ日本語の知識を使い、人称や文体が一致するような正しい繋がりの文を書く。それから、文章は読む人をいつも念頭に置き書くものだという理念を踏まえ、仕上げの作業では文章を整える。それにより新しい自分を出していくようにすることができる。

二つ目、授業以外の活動として、作文上達のためのサークルを作ることである。ネット上のコミュニケーションツールを利用し、学生は先生とやり取りをする。先生の指導のもとで、有益な情報を手に入れ、作文を書くことを実践する。

このテーマを通じ、一番強調したいことは、「読者の立場に立って書きなさい、文章力を磨こう、継続力をつけよう、まずテーマを決めて気軽に書いてみよう」である。日本語は漢字、ひらがな、かたかな、ローマ字など文章で使用する文字の種類が多い。したがって文章を書く上で煩雑な点もあるが基本的には漢字は中国から伝わったものであり、簡体字との類似点が多く熟語なども中国語と同じ意味を持つものも多い。その違いに注意しながら以上述べたような考え方で練習を積めば必ず作文力が身につくと考える。

（執筆・二〇一五年十二月）

参考文献

堀井憲一朗『いますぐ書け、の文章法』ちくま新書、二〇一一年
大類雅敏『いい文章うまい書き方』池田書店、一九九六年
胡传乃『日语写作』北京大学出版社、二〇一三年

より良い作文指導を目指して

北京第二外国語学院　雨宮雄一

一、はじめに

テーマは「私の作文指導法」であるが、いくつか断っておかねばならない。まず、これから述べる内容は、決して「私の（オリジナルな）」ものではない。公刊されている、国語教育や日本語教育における作文教育についての文献や、より一般向けの「文章の書き方」についての書籍等を参考にさせていただいている。そして、私自身、これらの文献を読みつつ、その一部を試行錯誤的に実践しているという段階で、まだ「指導法」のレベルとは言いがたい。それでも、この文章を書こうと考えたのは、一つの実践例として示すことで、問題点を指摘していただくことを期待して、ということである。

二、学生は思考力がない？

二〇一四年四月、北京師範大学において、日本語教育国際シンポジウムが開かれ、作文教育をテーマとした講演やワークショップが行われた。そのワークショップにおいて、中国人大学生の作文について、「みんな同じようなことを書いている」という意見が出た。私も以前からそう思っていたが、そのように思っている先生は他にもいらしたようだ。そこで、「学生の思考力を高めるにはどうしたらよいか」という議論になった。この背景には、「中国人学生の思考力が低い」という認識があるように思うが、私は必ずしも「中国人学生の思考力が低い」とは思わない。なぜなら、指導の結果、こちらが指導した以上の伸びを見せる学生も珍しくないからだ。だから、私は決して「中国人学生の思考力が低い」のではなく、考える方法を知らない、または、考える訓練が足りないのではないかと考えている。もっとも、「考える方法を知らない」であったり、「考える訓練が足りない」であったりすること自体、大学生としていかがなものかと思うが、これは中国だけの問題でもないと思うし、そのような訓練は、いずれ、どこかで行う必要がある。また、こういったことは日本語教育の範囲外という考え方もあろうが、作文においては必要な要素でもあり、このような現状の場合、作文の授業の中で行う必要がある、というのが私の考えである。

三、ブレイン・ストーミング

さて、「どのように考えたら良いか」であるが、まずは、書く材料、いわゆる「ネタ」が必要である。書く材料を集めるのに有効な方法のひとつが「ブレイン・ストーミング」である。ブレイン・ストーミングについては、様々な文献で言及され、広く知られていると思われるし、筆者も勉強中なので、詳しくは述べられないが、例えば、樺島忠夫（二〇〇二）によると、「もともとは集団でアイデアを出し合うための方法（一九四頁）」であるが、「自分一人でも行え（一四九頁）」るとあり、作文を書くにあたり、材料を「自分の知識、経験、思考を頭の中から取り出す技術（一四八頁）」として紹介されている。具体的には、樺島忠夫（一九九九）、同（二〇〇二）、日本語文章能力検定協会（二〇〇四）、同（二〇〇八）等を参考にされたい。

四、筆者の実践

筆者自身も、作文の授業で、このブレイン・ストーミングの導入を試みているが、まだ、試行錯誤の段階である。問題点としては、ブレイン・ストーミングに慣れていないことがあり、いきなり一人で行うのは難しいように見受けられる。そこで、クラス全員で一緒になってブレイン・ストーミングを行ってみた。題材は、第十一回「中国人の日本語作文コンクール」の三つのテーマを用いたが、ブレイン・ストーミングが行いやすいように、それぞれのテーマを、内容が変わらないように文言を少し変更して提示し、ブレイン・ストーミングを試みた。「クラス全員で一緒になって」といっても、最初は、自分だけで考えさせ、紙に思いついたことを書き出す時間を作った。その後、クラス全員で一緒にブレイン・ストーミングをしたが、今回はクラスの人数が十名と少なかったので、一人ずつ、十分間一人でブレイン・ストーミングした中から、一つずつ出してもらって、筆者が前の黒板に書き出していき、学生には、自分の紙に書いてないことが黒板に書かれていたら、それも自分の紙に書き加えるように指導した。

五、実践の反省

三つのテーマでブレイン・ストーミングしたが、アイデアがどんどん出てくるテーマと出にくいテーマが出てきた。難しいテーマについては、教師側によるガイドを工夫することによって、ある程度解決が可能だと思ったので、次の機会に試みたい。アイデアが数多く出たテーマについては、筆者が予想もしないアイデアが次々と出され、それなりの効果はあったと思う。

また、クラス全体で一緒になってブレイン・ストーミングした後、また、各自でブレイン・ストーミングするという段階を作っていたが、時間の関係で宿題とした。しかし、チェックしたら、宿題をきちんと行った学生は少なかった。この段階も授業時間内に行う必要があったと同時に、このブレイン・ストーミングという段階の必要性と、ブレイン・ストーミングの結果をどのように作文執筆につなげていくかということの説明が不足し、結果的に学生に理解が及んでいなかったという問題も痛感させられた。後者については、筆者自身の大きな課題で、作文を書くのに必要な学習事項を体系化し、システマティックに学習させることも必要だと考えている一方で、その学習事項が作文を書くにあたり、どのくらい重要で、どのようにつながっていくかを学習者が理解できるように指導することの難しさを感じている。

六、その後の指導

なお、ブレイン・ストーミングを行った後は、各自、その結果から書けるテーマを見つけ出し、内容をふくらませ、初稿を執筆させた。そして、各学生には、最低二回、授業時間外に教師による直接指導を受けるようにした。一回目は、文章の内容や構成を中心に指導を行った。ブレイン・ストーミングが不足したまま初稿を書いた学生もいるので、内容について学生と話し合いながら進めた。その際、教師側から学生にいろいろと質問することになるが、これも広い意味でのブレイン・ストーミングと言えよう（野口悠紀雄（一九九五）ではこのような使い方をしていると思われる（一五〇頁））。その過程で、新たに面白いアイデアが出てくることもあった。そして、二回目の直接指導では、表記・語彙・文法等を中心に指導し、その後、最終稿提出というスケジュールで執筆させた。このように直接指導を多くとれたのは、当時のクラスの人数が十名と少なかったということも大きいと思う。大人数を指導する場合もなるべく直接指導ができれば良いが、それには工夫が必要だろう。

七、おわりに

最終的には、日本人教師から見ても「面白い」と思える作文に仕上がった学生もいれば、こちらの指導があまり理解してもらえなかった学生もおり、今後も改善の余地は多いが、「考える方法」を知り、「考える訓練」を積めば、ある程度の時間をかけてブレイン・ストーミングを行うことで、学生の思考力が刺激され、オリジナリティのある面白い作文につながるということは言えるのではないか。今回は、特に作文の内容作りの段階に注目して述べたが、この段階の重要性をいかに理解してもらって、内容作りの方法を自分のものにしてもらえるためには、教師としてどのような役割を果たすべきかという点において、自身に与えられた今後の課題は多い。

以上、自身の実践を問題点も含めながら述べたが、ここで述べられた問題点を克服するような実践が重ねられれば、そして、そういった先生方の実践に学んでいけたらと考えている。

（執筆・二〇一五年十二月）

参考文献

樺島忠夫『文章表現法――五つの法則による十の方策――』角川書店、一九九九年

樺島忠夫『文章術――「伝わる書き方」の練習――』角川書店、二〇〇二年

日本語文章能力検定協会『日本語文章能力検定　4級　徹底解明』オーク、二〇〇四年

日本語文章能力検定協会『日本語文章能力検定　4級　改訂版問題集　文検スタディ』オーク、二〇〇八年

野口悠紀雄『続「超」整理法・時間編――タイム・マネジメントの新技法――』中央公論社、一九九五年

「書いてよかった」と達成感が得られる作文を

元南京信息工程大学　大内規行

一、はじめに

筆者が大学で教えていた科目は「日語写作」「経貿日語」「日語会話」「職場日語」「商務日語会話」などである。今は日本で日本語指導にあたっているが、来年中国に戻り、日本語教師を続ける予定である。担当していた「日語写作二年」では教科書の指定があって、作文の準備・基礎、私用文、伝達文、論説文、公用文などを1年間で教えることになっていた。しかし、教科書をそのまま教えるだけでは学生の興味を引きそうもなく、まとめとしてはよいかも知れないが、「書く力」を身に付けさせるには心許ないように思えた。そこで、「今、学生たちに必要な作文の技能は何か」を問いつつ、授業内容や指導方法を考えた。以下は、私が行った指導のうち、文章の要約とスピーチ作文についてのものである。

二、要約を通して文章の型を学ぶ

二年の学生に作文を書かせれば、それなりに書いている。しかし、段落もあり、まとまりのある文章になっているかというと、決してそうではなかった。そこで、構成のしっかりした論理的な文章をインプットすべきものとして提示し、アウトプットとしては要約させる活動を行った。この要約は、原文の表現をできるだけ用い、内容の順序を変えずに段落も作り、元と比べほぼ三分の一、四分の一の縮約文章になる。この作業を通じて文章の型を学ばせることができると考えた。

(1)指導のポイント

①興味がわく魅力的なテーマを選ぶ。

②原文読解のための質問や語句説明でスキームの活性化をはかる。新出語彙の導入やキーワードの確認。読解を助けるための5W1Hを把握させ、段落に分ける。

③作業の手順と内容

(一)各段落で、中心文とそれを説明している支持文とに分ける。

(二)中心文を順に並べて、論理的にわかりやすく手を加え、要約を普通体で書く。

(三)導入・本論・結論（まとめ）の三段落で原稿用紙に書く。四百字の制限文字数の範囲内でまとまりのある文章にする。

(四)題材の内容に応じて使用可能な文型を提示する。たとえば、

序論：主題についての文型…「（筆者は）～と述べている」など。

本論：主張のための文型…「（筆者は）～という」など。

結論：まとめの文型…「（筆者は）～と主張するのである」など。

(2)テーマ（題材）例（二年二学期）表1参照

(3)要約指導のまとめ

授業の終わりに要約文を回収し、最後に教師の模範文の提示をＰＰＴで行った。作文は教師がよい点や改善点を記入し、次週に返却した。これらを通じて育てることができた作文力は、文章の中での各段落の関係と役割、そしてまとまりのある文章の型がわかるようになってき

表1　テーマ（題材）例（二年二学期）

授業（90分）	分類	原文のテーマ	出典
1	新聞	エジプトで気球爆発、日本人4人死亡（935字）	朝日新聞2013.2.27
2	雑誌	清掃会社から「おもてなし」の会社へ。テッセイの新幹線劇場（1448字）	http://omtnsh.co.jp/case/jirei/256を改変
3	新聞	猛稽古で昇進、涙こらえ「千秋楽」仲の国断髪式（1073字）※仲の国：中国出身の力士	朝日新聞2012.6.3
4	「中国人の日本語作文コンクール」受賞作品	中国人はなぜ大声で喋るのか（1681字）	「中国人がいつも大声で喋るのは何でなのか？」日本僑報社、2013年
5		幸せな現在（1589字）	

表2　授業におけるスピーチ活動（2年2学期）

授業回数	授業内容		授業外活動
1回	オリエンテーション：自己紹介（90分）		
2回	スピーチ文とスピーチ（90分）		
3～8回	普段の授業（90分）		スピーチ原稿の作成：提出→よい点、改善点を記入して返却→発声練習
9～13回	スピーチ：授業冒頭に5～6名による発表及び講評（25分）	普段の授業（65分）	
14～16回	普段の授業（90分）		文集作成：PC入力→提出→文集

たことである。また「中国人の日本語作文コンクール」の作文を教材に活用することで、論理的で主張の明確な作文のイメージが具体的につかめるようになったことである。

三、スピーチ原稿・スピーチ発表の活動

作文を書くことを前向きに受けとめてもらいたい。学習者が語彙や文法の間違いを気にしすぎたり、受け身で作文を書かされているなら、作文がだんだんつまらないものになってしまう。むしろ作文の面白さは、自分らしい体験や意見を文章でもって他人に伝えられたときではないか。スピーチならそのような状況を作りやすいだろうと考えた。スピーチは「書きたいこと」を書くと同時に、聞き手の「役に立つ」内容を書き、そして相手の心に感動を与える総合的な活動である。スピーチ作文なら、達成感も得られるに違いない。

(1)授業とスピーチ活動の流れ

「日語写作二年」の授業では九十分の授業が十六回配分される。実際にスピーチに関する活動を行うときは、元々の授業プランの一部をスピーチ活動に回し、また授業外にすることで時間を確保した。実際の活動例を表2で示す。

(2)スピーチ指導のポイント

①スピーチを書く前に（テーマの設定）

テーマ設定とその題材の集め方として、自分がよく知り、興味もあって、日常生活の生々しい出来事、聞き手が共感、理解できる題材など。さらに話を信用させる事実、統計的数字などを入れることで説得力が生まれること。

②原稿の字数は二百五十字～五百字程度とした。約二百五十字で一分間のスピードを標準として、一分間スピーチを基本としたが、時間は本人の自由とした。

③原稿が書きあがったら、教師に提出する。よい点と改善点を記入して返却した。

④スピーチをするまでに（話し方の練習）

大きい声で読む練習。「は」や助詞の後、大切な言葉の前と後などにポーズ（間）をおくと聞きやすくなる。アイコンタクトと笑顔をもって聞き手を見て話す。何を伝えたいのかを常に意識する。

(3) スピーチに関する指導のまとめ

①個性的なテーマと発表の成果

テーマはバラエティに富んだものになった。身近なこと（自分のこと、家族、ふるさと、将来の夢など）や社会や文化（日本文化、日本語、中国社会、中国文化）などである。各自が〝書きたい〟を追求した結果だと思いたい。特に社会や文化についてのテーマは私に、日本と中国について多くのことを学ばせてくれた。作文の力のおかげである。多くの発表者が原稿を暗記してきて、聞き手を見てスピーチしていたことも、期待以上の収穫だった。スピーチを聞くことで学びの相乗効果が起きていたのではないかと思う。

②自信を持たせるためのスピーチの講評

発表が済んですぐに教師が講評を行った。文法や語彙に関することよりもテーマの面白さや発表の様子に関する講評を中心にした。「キーワードの発音がよかった」「発音がきれいでゆっくりはっきりと言えていた」「ジェスチャーもよかったし、何を伝えたいかがはっきりわかった」「全部暗記しているのはきっと練習していた結果だと思う」など、自信がつくように、達成感が得られるよう講評した。

③スピーチ原稿で文集を作る

始まるまではいろいろ心配したが、スピーチ原稿はどんどんよいものが集まってきていた。そこで、このまま終わってしまうのは残念だと学生たちに文集を提案し、作成が決まった。これは、自己の成長記録の一つとなること、文集を読んでお互いに刺激を受けてほしいことを期待しての提案であった。文集は最終回の授業で全員に配布した。

四、最後に

指導したクラスの中から、「中国人の日本語作文コンクール」に入賞したり、省ブロックのスピーチコンテストに入賞したりする者も出ている。学習者が書いた作文は私に日々の指導の振り返り材料を提供してくれるものと肝に銘じ、これからも学習者にとって最適な指導を探究していきたい。

（執筆・二〇一五年十二月）

短期集中マンツーマン講座

元四川理工学院　若林一弘

語学の鉄則はふたつある。もっとあるかもしれないが、とりあえず次のふたつを日々感じる。

ひとつは、語学習得でもっとも重要なものはモチベーションであること。語学と言わず、すべての学習の要はこれで、よい教師とは生徒の学習意欲を高められる人のことを言う。逆に、モチベーションさえ高められれば、それ以外の教師としての知識や技能は（まして免状などは）問題でないとも言える。

もうひとつは、外国語は授業だけでは習得できないということ。予習復習宿題をまじめにやっても、なお授業のみでは不十分で、授業以外のところで努力しなければならない。本を読む、アニメやドラマを見るなどもいいけれど、そういう受動的なことばかりでなく、能動的な活動も望まれる。

その授業以外の部分で学生が自主的に行動していればいいのだが、性格的にそれが苦手な学生や、正課外でそのことばを使う機会のない環境にある学生に対しては、課外活動の形で補うことが教える側に必要となる。オーガナイズされた形態でのそのような活動の代表的なものは、スピーチコンテストや作文コンクールである。特にこのふたつは、ネイティブスピーカーが力を発揮する場でもある。

作文の授業は正課にあるが、三十人も四十人もの学生がひとつの教科書を使ってやるわけだから、いわば「レディメイド」である。授業でやるのはどうしても文章の基本、書き方の基本で、それをなぞった課題の遂行ということになる。必要条件は満たしているとしても、最低限に近く、十分条件まで満たすものではない。課題の添削で教師は疲弊するが、その労力に見合うほどの効果があるとはとても言えない。

自由作文は、書く人ごとにそれぞれテーマから視点から内容から、一人ひとりの個性や経験によって異なってくる。その指導は、いわば「オーダーメイド」である。作文指導というからにはここまで必要だが、実際問題としてこれを多人数のクラスの全員に十分に行なうことは物理的に不可能だ。おざなりに終わってしまってもしかたがない。

そのきめ細かい「オーダーメイド」を可能にするのが、作文コンクールだ。コンクールだからテーマと字数は指定されるが、それ以外は応募者それぞれに任される。

スピーチコンテストや作文コンクールは、言うなれば「短期集中マンツーマン講座」である。

それは立体的に行なわれる。まず、学生がテーマに沿った作文を書いてくる。そのときは白紙に手書きで書かせるようにしている。字数は、大まかには意識するが、細かくは気にしないで。持って来たら、教師はまず語彙や文法の不適切な部分を直す。

だが、最初の原稿の問題はそれだけではない。日本人が日本語で書く場合もそうだが、書いている当人はよく知っていることがらなので、説明が足りないということがよくある。自分はわかっていても、他人が読むときには何のことかよくわからないという個所が必ずあるので、どういうことか説明させた上で、そこを補足させる。

また、語彙文法の誤り以前に、そもそも文として意味不明な箇所というのもしばしば見られる。何が言いたいのか本人に説明を求め、それを聞きながら朱筆を入れる。

結構布置についても考える。話の順番を入れ替えたほうがいいこともよくある。

つまり、ディスカッションを重ねながら、学生と教師が一対一で向かい合い、著者と編集者の関係で作っていくのである。学生は教師と話し合い、自分の意図を説明し、指摘に対して対応しなければならない。書くだけではないのだ。資料に当たって調査検索もすることになる。立体的とはそういう意味である。いい勉強になるし、自分の書いた文章を教材として行なわれるのだから、さらに効果的だ。

だいたいできあがったら、原稿用紙に書かせる。それで字数が確認できるから、そこでまた削除補筆をさせる。字数も適当な範囲になったら、パソコンでの浄書となる。書いては直し、書いては直しを繰り返して、だいたい5回ぐらいは書き直すことになる。

このごろはメールに添付して応募する形式が多いが、最初は必ず手で書かせる。それは、手に文を覚えさせるということのほかに、字の練習というか確認もしたいからだ。中国人の場合は漢字の誤りはまずないが、簡体字を書いてくることが多いので、日本の字体をしっかり入れるのは意味のあることだし、ひらがなの癖字もこの際に直す。個体発生は系統発生を繰り返すというか、「た」を「太」のように、「あ」を「安」の崩し字のように書く者が多くて、なるほどと感心するのだが、しかしもはやひらがなの字体は確立しているのだから、妙な癖字はやはり直す必要がある。

　これだけやれば、整った作文になる（おもしろいかどうかはまた別だが）。

　私が個人的に注意していることは、嘘を書くな、話を盛るな、ということだ。嘘は言うまでもなく言語道断だが、よい結果を得るためには「化粧」は必要かもしれない。だが、入賞が目標ではない。あくまで勉強のためである。そもそも文章を書くということ自体が、ある視角を持ち、取捨選択をし、再構成し配列する作業である以上、どうしても「作文」（作りごとという意味での）であるわけだが、常識的に守らねばならぬ線はある。

　スピーチコンテストは学生の能力を伸ばすうえで非常に有用だが、大きな欠点がひとつある。思うような結果が得られなかった学生のモチベーションが下がってしまうことがときどきあるのだ。これに気をつけなければならない。作文コンクールは、その場で審査結果がわかるわけではなく、結果発表まで時間があること、聴衆の面前で行なわれるのではないことで、スピーチコンテストほどこの点の問題があるわけではないが、留意しておくべきではある。

　どんなテーマにせよ、学生は自分の経験に基づいて書く。だから添削と話し合いを繰り返すうちに、その学生をよく知ることができる。それが教師の報酬である。

（執筆・二〇一五年十二月）

作文指導の基本

元西南交通大学　金澤正大

西南交通大学日本語学科では「写作1」（二年生後期）、「写作2」（三年生前期）、「写作3」（三年生後期）と、基本作文科目が週一コマで三段階にわたっています。私自身がすべての科目を担当していた時の指導の基本について述べます。

作文の基本目的（目標）を、卒業後に企業などに就職するのが基本的な進路なので、企業において必要とされる基本的文章能力の獲得とします。企業（大学院などに進学する学生も含む）の求む文章は簡潔で明解な文章です。要するに一度読んで内容を誤解なく理解でき、かつこれが短いほどよいことになります。なぜならば、文章は必ず読み手を必要として、そのため書くからで、企業ではこれが顧客であり企業内人です。それに、文章を読む時間は短いほど能率が上がるからです。ですから、簡潔で明解な文章、すなわち、事実と主張との区別を明瞭にした事実文となるのです。

以上の目的に合わせ、「写作1」では、まず基本的に作文自体に馴れてもらいます。テキストとして『日本語作文Ⅰ』（専門教育出版、一九八八年）を使用していました。最初の時間は「私の故郷」という題で作文を書いてもらうことで、学生に作文に馴らせます。これは学生の出身地を知るという裏の目的もありますが。次回からテキストに沿って課題の課を選びます。関連語句・言い回し文型と説明を加え、そして質問をします。本テキストは少し古く、日本での学習者用なので、当然ながら中国の実情にあった説明・質問や新語句を入れます。最後に、中国の学生用にアレンジしたより具体的な課題を示して、次週までの宿題とします。例えば、「私のアパート」とあれば、「私の学生寮の部屋（紹介）」といった具合です。字数は六百字程度とします。作文の授業は初めてなので、作文に馴れさせるとともに、やはり事実文を主体となるように課題を選びます。翌週からは前半は前に出した学生の作文の（文法・語句・字・表現とあらゆる）誤謬を例として示し、学生に正させ、説明を加えます。最後に、作品総体の構成・内容に関して、学生の作品の中からよい例と悪い例を示しながら、課題に沿った作文の基本骨格を提示します。これが評価の基準ともなるわけです。後半は新しい課題の提示となります。この繰り返しで授業は進みます。

「写作2」のテキストは『日本語作文Ⅱ』（専門教育出版、一九八八年）です。卒業後の社会人としての文章作成を見通して、本作文は事実文を基本とします。明解で簡潔な文章です。すなわち、一度読めば理解できる文章を基本とします。最初の時間は自由課題で作文を書いてもらいます。これは手慣らしです。次いで、テキストから順に課題の課を選び、その課にある関連語句などを解説しますが、少し古いので、現在のことも加えます。そして、若干の質問をします。最後に具体的な課題を説明し、翌週までの宿題とします。例えば、「図書館」ならば、「本大学図書館の書籍貸出し手順」という具合です。字数は八百～千字程度と「写作1」に比較して増しています。翌週は前に出した作文に評価と誤謬訂正を付して返すとともに、時間の前半でその総体的な解説と次の課題提出を行います。後半は、本多勝一著『日本語の作文技術』（朝日文庫、一九八二年）などを題材に、明解で簡潔な文章を書くための講義を行います。以下この繰り返しとなります。

「写作3」は最後の仕上げ授業になります。ここではいわゆる作文から離れます。簡潔さを追究します。同時に、文章能力はコミュニケーション能力が実はヒヤリング力と密接な関係があることに鑑み、読解力の向上を主眼として、大野晋氏の提唱された縮約法を採用した授業とします。何故かというと、企業などでの文章は、詩文などとは異なり、必ず他者の文章を読んだ上で、これを資料として自己の文章（事実文）を作成するのが基本だからです。すなわち、確かな読解力無しには文章を作成できません。これを鍛えるのにいいのが縮約法です。具体的には、最初の授業で、縮約法の解説をした上で、本文を提示・解説してから、私自身が縮約した文章を提示して実例とします。次回では、まず本文を提示します。

これには『朝日新聞』社説を用います。千二百字程度という長さと内容的に事実を基本として主張のある文だからです。内容に関して学生から質問を受け、さらに補充解説をして、文章内容の理解を進めます。これを三分の一の四百字以内（原稿用紙一枚以内。但し、大野氏の縮約文では改行を含みますが、私の場合は改行無しで字数制限をしますから、実際には大野氏より字数が多くなります）に縮約することを宿題として、翌週に提出してもらいます。そして、この後の授業の前半は私自身の縮約文提示と学生のそれとの比較で、後半は新しい本文提示です。これを繰り返します。

以上により、簡潔で明解な事実文作成を目指します。なお、作文コンクール参加を授業に組み入れていないのは、作文コンクールで求められている文が何らかの感動を求められているのが普通ですので、上記の目的と異なるからです。もちろん、学生に求められれば、作文コンクール用の文の指導は授業とは別に個別にしていましたが。

（執筆・二〇一五年十二月）

西南交通大学の４年生（2012 年）

パソコンで作成した学生の文章指導体験

河北師範大学　劉敬者

私が日本語を指導している大学では、日本語作文は二年生の一学年、週に二コマのカリキュラムになっている。外国語学習者に求められる「聞く・話す・読む・書く」の四技能をバランスよくアップさせるための一環として作文は欠かせない。本学では、作文という科目は以前から日本人の先生に担当していただくことになっている。

通常の授業においては、手書きで四百字ぐらいのものが多いので、原稿用紙に書き詰めるのが一般的だ。文法や文型などの表現も考えながら、一字一字書くので、文章上の書き間違いは比較的少ない。「書く」という技能習得のためには、レポート・スピーチ原稿・留学用の書類・卒論・就職用履歴書なども対処しなければならない。

一方、卒論や履歴書などは、手書きの作文と違って、千字以上になるので、パソコンによる処理が多い。パソコンで文章作成する場合、日本語の文章力だけでなく、文書作成に関するソフトの運用スキルも要求される。

パソコンで作成した学生の文章は、日本人の先生も中国人の先生も指導し訂正した経験があるだろう。パソコン処理だからといって、手書きのそれと比べて完成度が高いだろうか、それとも「うっかりミス」が多いだろうか。

私は、学生の卒論・留学用書類・就職用履歴書・スピーチ原稿などを指導したり、訂正したりしているが、日本語の表現力は別として、パソコン処理であるが故のミスが散見されることに頭を痛めている。今回のチャンスをお借りして、これまでの指導体験で、頻繁に目にした小さなミスを書くことにしたい。そして、これを参考に今後の作文指導に生かして、よりミスの少ない作文能力をつけさせたいと思っている。

ワード字体の初期設定によるミス

ワードは文書作成に適したソフトだが、Windowsの言語によって、標準フォント（字体）が異なる。中国語オフィスのワードデフォルト（初期設定）は「宋体」であるのに対し、日本語オフィスのワードデフォルトは「MS明朝」になっている。

したがって、中国語オフィスのワードによる日本語文章処理の場合、字体設定が必要となる。仮にそれをしない場合は、**表1**のような日本語らしくない表示になってしまう。

一見したところでは同じだが、よく眺めると見づらいし、読みづらい。これは見た目の美しさだけでなく、正しい日本語か間違った日本語かの問題にもなる。また、日本語文章作成の場合、日本語字体を使わず中国語字体を使ったら、文字化けしてしまう恐れがある。一方、中国語文章作成にあたっては、「宋体」のような中国語字体を使わないと、決まって妙な表示になってしまう。要するに、日本語なら「MS明朝」字体を、中国語なら「宋体」を使うべきだ。この規則は常に心がけなければならない。

文書作成の場合だけではなく、印刷の場合にもポイントがある。「MS明朝」字体設定済みのワード文書でも、中国汎用のプリンタに対応していないフォントを使用すると、文字化けしたり、印刷できない場合がある。解決

表1

日本語フォント	中国語フォント	注意点
冷たい	冷たい	漢字の右に注意
残る	残る	横線は三本から二本に
終わり	終わり	糸偏の違い
影響	影響	上部真ん中の点がなくなる
映画	映画	「由」から「田」に
営業	営業	「呂」から「吕」

表2

同音異義語	正しい例	間違った例
てき（適・敵）	良知は人間の本能であるが、適していない環境で善が悪に屈服する。	良知は人間の本能であるが、敵していない環境で善が悪に屈服する。
かぜ(風邪・風)	風邪を引いてしまいました。 風が吹いています。	風を引いてしまいました。 風邪が吹いています。
すみ（墨・炭）	タコが墨を吐く。	タコが炭を吐く。

策の一つとして、プリントアウトしたい文章を「ＰＤＦ」形式で保存してから印刷すると、文字化けの心配はなくなる。

同音異義語によるミス

次に、パソコンのインプット時に起こりやすい、同音異義語によるミスの例を見てみよう。次の間違った例は、学生の文章から抜き出したものだ。正しい例と比較してみよう。

表2の例は、不注意だったりパソコンの転換機能に頼りすぎなどで、よく出てくる間違いだ。同音だが、意味が全然違うので、文字転換に注意してほしい。ささいな誤りが想像を絶する影響をもたらすかもしれない。ミスだらけの文書は役に立たないどころか、害にもなるのだ。

注意不足や確認作業を怠ったことで、自分の表現したいことと違うものになることもある。キーボードを打ちながら出てくる語句を注意深く選んで、文章を綴ったほうがいい。「パソコン熟練者だから安心」という思い込みは危険だ。

改行によるミス

日本語の文章は、改行して次の段落を書き始める場合、一文字分の空白を入れるのが規則になっている。日本語の「一字下げ」に対し、中国語での作文の場合は、「二字下げ」になる。この点も注意すべきだ。

中国語作文の規則に慣れた学生の文章では、次のような書き方の例がある（**表3**）。

表３

間違った内容のキャプチャー	説　明
1.2　祖先崇拝 仏壇・神棚・墓参り・盆・彼岸 前提となる霊魂観がある。つまり、	二字下げになっている
応募者の日本語能力や学習態度で評価できる点 日本や日本語に深く興味を持って、勉 段階では、日本語能力試験１級の資格を	1.5字下げや二字下げになっている
5．応募者の日本語能力や学習態度で評価できる点（ 日本に興味を持って、熱心に日本語を勉強 しっかりしている学生だと思っております。	自由に空白を入れた
あなたにとって、一番大切なものは 問題を　よく思ったことがありますか。私 番大切なものは　夢と思っています。しか 要ではないわけではないです。私にとって また私の人生の動力です。自分の夢を持っ 意義があると感じます。人間として　人生 何のため生きていますか。人生の意味は 子供の時から、心に自分の夢がありま 時々私を聞いて、　りちゃん、あなたの夢	自由に空白を入れた

よい文章を作成するには、言葉や語句の豊富さだけでなく、書式も正しく書くことが大切だ。特に履歴書や願書は、自己アピールの大切な書類なので、初歩的・基本的なミスのある文章では、減点されてしまう原因になる。

入力による促音や拗音などのミス

次に、パソコンのインプット時に起こりやすい、不注意によるミスの例を見てみよう。**表4**の間違った例は、学生の文章から抜き出したものだ。正しい例と比較してみよう。

誤字や脱字や衍字のようなミスは、入力時の不注意からくるものか、もしくは、普段の読み方が間違っていたから、入力時の誤りにつながったわけだ。促音や拗音のついた言葉はよく間違うので、入力の場合、特別に注意すべきだ。

表4

正しい例	間違った例
ちょっと	ちよつと
今日のテーマは「中日交流の……」です。よろしくお願いいたします。	今日のテーマは「中日交流の……」です。よろうしくお願いいたします。

上述のように、学生が日本語文章作成の場合、ソフトの違いからくるミスもあれば、人間の不注意からくるミスもある。

大学生の手書き文字離れの問題が深刻化する中、パソコンや携帯による文章作成は、主流になってきている。それゆえに、よい文章を作成するには、日本語の表現力・構文力とともに、ソフトの運用テクニックも両立する必要があるのである。

パソコンで文章を作成していれば、だれにでもミスはあるだろう。ささいなミスのある文章は、心配の種だ。すっきりと見やすく、文字の印象が美しくなるようレイアウトされた文章であれば、伝えたいことがよりよく伝わり、好感も持たれるはずだ。

したがって、日本語の文章作成指導にあたって、語学だけでなく、ソフト関係の知識も同時にトレーニングすべきだ。

（執筆・二〇一五年十二月）

思いや考えを表現する手段を身につけさせる作文指導

北京科技大学　松下和幸

作文教育の根幹に、次の二つのことが不可欠であると考える。

(1)「外国語は書こうと思った時に、表現力を獲得することができる」

(2)「母語話者の教師だからこそ、学習者の多様性を持った作文（会話）能力を高められる」

括弧の穴埋め練習は文法形式の習得には必要かもしれないが、作文教育では意味がない。「ぜひ～したい／きっと～しよう」という表現は、「卒業後必ず留学する、したい」という思いをどうにかして文字で表現したいと思った時に、探し当て、使い方を確認し、表現形式が身についていくものだ。モデル文をほぼそのまま書き写すような練習は、昔の日本の、受験のためにだけ必要で、実際に使えなかった英語教育を思い起こさせる。

「書く」は正確さ、語彙力、文法的な的確さ、表現形式の適切な使用、展開のしかた、説得力などまさしく「総合力」が問われる。したがって、学習者にとって、一番大変なポジティヴな知的スキルである。

自分で書こうと思って書く時に、思い通りに表現できない事に気づく。文法もその一つ、語彙もそうだ。どう描写するか、どういう表現で意見が言えるか、どう展開するのがいいかという構成もそうだ。この時が文章力を身につけるチャンス。闇雲に覚えていても、用が足りない。まして使えなければ意味がない。主体の脳が動き出して初めて表現へと向かう。言い換えれば、先生が言った事を覚えればいいや、例文を暗記すれば試験にパスできる、という発想にとどまっている限り、書く力は決して伸びることがない。一過性の暗記力に頼ることは適切ではない。

次に中国の学生に教えてきた中からまとめることができる五つの作文指導上のポイントを記したい。

一、作短文から作文章へ

短文より、長文だ。日本語に慣れるためには、日本語の表現形式になれる短文づくりは必要だが、文法の習得には役立つにしても、いざ書く時にほとんど役に立たない。少し長い文章を書くのが、「作文章」の上達への近道だ。そこで、私は「作文章」として、二年生は四百字（原稿用紙一枚）に慣れさせ、三年生は八百字以内で書くことを課題にしてきた。

「短文づくり」は、「作文章＝写作」の授業で扱うよりは、精読、範読／閲読、会話、聴力、新聞、などの授業（宿題）で扱うのがいい。表現形式練習、短文の感想文、さらに、要約文作り（本日の授業の要約、文章を読んだ後の要約、荒筋書きなど）、視点替え作文（内容をAさんの視点、Bさんの視点でまとめる）など、非常に有効だと思う。

二、動機付けが大切

二年生後半から始まる作文の授業では、自己紹介や、ふるさとと紹介、好きな郷土の食べ物、自分の名前の由来などを課題にして書かせる。これは、確かに書きやすい話題だ。しかし、そのまま書かせると、つまらないガイドブックとなる。話題を幾つも紹介するのではなく、ポイントを一つ、多くても二つに絞らせる。さらに、どうしてそれを選んだのか、何を読み手に伝えたいのか、「どうして」「何を」を深く考えさせる。このポイントを外すと、中身のない薄っぺらな紹介となってしまう。

三、MSアプローチ

考えさせるときにMSアプローチを使う。Mutual Stimulation Approachと命名している。近くにいる四人くらいで話をさせる。隣と前後の人たちがグループとなる。相互に話すときに、「どうして」という言葉を使わせる。だんだん話が一般的なものを超えたものになっていく。時間があれば、グループごとに発表させる。相互刺激からシェアしていく方法である。

四、ＴＦＯＣ構成法

次に使うのが、四段落の構成展開法である。Tはトピック(Topic)、Fは事実(Fact)、Oは意見／考え(Opinion)、最後がCでコンクルージョン（Conclusion）である。

Tは二〜三行くらい。Cも二〜三行くらい。FとOは五〜六行。これで、原稿用紙一枚にほぼぴったり収まる。少々日本語がおかしくても、構成がしっかりしているので文意が通り、実に有効だ。

この構成法の大切なところは、事実をきちんと書くことにある。表現形式「〜ている」「〜てある」を用いたり、存在文やコピュラ「である」を使うことになる。そして、その事実を踏まえて意見や考えを述べる。「と思う」「と考える」「である」「たい」「てほしい」もよく使う。そして、結びに、「〇〇は見る価値があるので、友人が来たときには案内する」「この名をつけてくれた父や母に感謝する。／今になって、自分の名前の良さがわかった」などトピックと同じでない表現で、ピリッと終わらせるようにさせる。私も例をたくさん出すが、結構面白いものが出てくる。

こうして、学習者は事実の描写、自分の考えや意見あるいは評価、という二つのFとOを考える表現方法に慣れて行き、構成意識も確立して行く。

五、ステップを踏んでアカデミックライティングへ

作文の最終目標は卒業論文が書けるようにすることである。文字の書き方から、原稿用紙の使い方、実用文（手紙やメール）の書き方、アカデミックな文章へと進めていく。

闇雲に書かせればいいではすまない。表現能力をつけていくには順序立てて進めなければ、書き手は「書けない」「上達しない」という嫌な思いが積み重なり、書くのが辛くなる。それ故、順次新しいことを学びながら、発見や考える喜びを味わえるようにすることが教師の仕事だ。初めは、先に示したように、三要素、すなわち、

(1)事実や周りの世界の描写、
(2)意見や判断の表現、
(3)文章の構成

を身につけていくことが、文章が書けるようになる大切な表現技術の入り口だと考えている。更に進めば、例えば、事実文は、描写文（〜ている）、説明文（のです／ます／ました）、報告文（ます／ました）を書けるようにする。また、主観文としては、判断文（です）、評価文（形容詞／形動）、意見主張文（と思います／Vべ

きです／Vなければなりません／Vてはいけません、など）というように、順次必要な要素を取り入れながら、ＴＦＯＣを生かしていく。ステップを踏んで行けば書く力は確実に大きく伸びる。

話題としては、数限りなくある。書く対象（四季／学校／幼い頃の希望／将来／日本語は難しいか／言語外の立ち居振る舞い／文化／歴史／スマホの功罪／中日交流を前進するには／時事問題など）もあれば、グラフや資料の読み方や表現の仕方、比較の表現、調査やその結果の表現、引用の仕方、こうしたものはアカデミックライティングでは必ず必要となってくる。

作文指導は科学的な道理の積み重ねによって、進めていかなければならないことを痛感する。全部を網羅し、すくい上げることは不可能であるが、基礎的なシラバスを常にターゲットからの位置を考慮しながら改善している。

最後に、私が作文で使っているアプローチは、先に示した、

(1)ＴＦＯＣ構成法

(2)"MS Approach"に加えて、

(3)CEL Viewpoint（視点：内容Contentと表現Expressionの結合Linking）、

(4)Self-Brain-Storming（自分独りで、ブレイン・ストーミングをする）

(5)Self-Mind-Mapping（自分独りで、マインドマップを書いて思考整理をする）

を活用している。

「作文章」を学生が書き、それを見てチェックする。表現の多様性に適切に指導できるのは、日本語母語話者の教師である。会話も、同様に、いろいろな場面での会話に適切に対応し、指導できるのはやはり日本語母語話者の教師だといえる。今後とも誇りを持って学生と歩みたいと思う。

（執筆・二〇一五年十二月）

学生と私の感想

嘉興学院　照屋慶子

添削しながら何度もグッときた。鼻もぐずり、目も霞んだ。学生達の生の声を聞いたと思った。初め日本が嫌いだった学生達は日本語や日本人と触れ合いながら日本文化を少しずつ理解していった。今は日本が好き、日本語が好きだと言っている。自分なりに少しでも日中交流に力を尽くしていきたいと書かれた作文を読むたびに胸が締め付けられた。今回、このテーマで感想文を書くきっかけになった。

日本僑報社の「中国人の日本語作文コンクール」は、字数制限や期日制限を守れば、誰でも応募できる。日本語学習者全員に門が開かれている。他の日本語作文コンクールとは違う。入賞したら、北京での受賞式に参列、作文と顔写真が掲載された作文集、賞状、賞品、安田奨学金への応募資格などが得られる。最優秀賞受賞者は一週間の日本旅行もある。又、中国全土から集まった入賞者同士の北京での出会いと交流は何物にも換えがたい。入賞者への副賞はこれまでに例がないほど多い。努力した事が即そして大きく報われるコンクールだ。

第十回のコンクールで三等賞を受賞した金夢瑩さんが卒論のテーマを「日本僑報社の中国人の日本語作文コンクール　第一回～第十回　三等賞までの受賞作品の分析」とした。日本僑報社の作文コンクールの意義を理解したようだ。今後の作文コンクールの拡散と深化が期待できる。

私は作文コンクールへの応募を念頭において作文の授業をしている。

作文コンクールに応募した二年生の感想

〈添削すみ。順不同〉

・原稿用紙に鉛筆で考えを書く事により字も上手になった。

・作文のテーマを決めて書くのが苦手だった。何度も添削されて大変だったが、作文に徐々に自信が持てるようになっていった。

・日本人らしい視点で物事に対峙するのが面白かった。
・作文を書く時、私が今まで勉強した全てを使い、自分の考えと経験を入れる事が必要だ。
・本当に言いたい事を自分の気持ちで書くと、簡単な文法や語彙を使っても良い作文になる。
・どんな事があっても日本語の勉強を諦めないと決めた。
・作文を書く時、具体的な物、風景などを入れるといい。絵を描くように書くと読み手によく理解してもらえる。
・インターネットで得た情報や想像だけで書いた作文は人の心を打たない。
・間違った所を何度も書き直したように、これからの人生で、失敗しても何回転んでも、立ち上がればいいという事を学んだ。
・作文コンクールに応募したお陰で、途中で諦めないで最後まで頑張れるようになった。
・何度も添削する先生を見て、真面目に取り組むようになった。照屋先生は全ての学生に大きな期待を寄せ一緒に頑張ろうと励まし続けた。私達は作文に対して情熱的になっていった。
・作文は自分を映す鏡だ。以前に書いた作文を読むと封じ込めた記憶が蘇る。将来読み返すと、過去になった今の自分と会える。
・作文を書き、日本語は美しいと感じ、好きになった。
・作文を書く基本は根気強さ、細心の注意力だ。
・作文を書く事によって日本人の真面目さを学んだ。私も真面目になっていた。文化は本当に不思議な力を持っていると気がついた。
・作文は一人で静かに書く。無我の境地に入る。自分の心の深い所にある考えや思いを見つけて書いた。書いた後、不思議な満足感で満たされた。
・作文を書くポイントはテーマからずれない事だ。
・作文を書き、日本語の単語の発音を覚えた。
・初めは面倒だったが、今は日本語の作文の方が書きやすくなっている。
・身近な事を取り上げて自分の見聞した事についてありのままに書く。感情も込められるし読み手からの共感も得られる。
・字数制限は厳しく一字の過不足でも不合格になる事

もあると聞いた。小さいところから人の素養が見える事が分かった。
・起承転結をしっかり書くと良い作文になる。
・作文コンクールへの応募は一生の思い出だ。
・作文を書く事は、自分が自分と向かい合い、話し合う過程だと分かった。
・作文を書き応募できて自信がついた。自分の人生に野心がもてるようになった。
・面倒だったが書いた後は満足した。逃げないで諦めないで頑張る事を学んだ。自分にも可能性と潜在能力があると知った。
・日本語は外国語だから間違いがあるのは当然だと思い、恐れず書く事。単語や文法も使う事。
・自分を信じたらどんな難しいテーマの作文でも書けると分かった。
・作文を書く時、最も重要な事は真心と真実を表現する事だ。
・作文を書く時、集中力が必要だ。辛抱強く、真面目に書く。
・日本語の成績がいいから作文が上手だとは限らないと先生は言った。それを聞き、「頑張ろう。書きたい」と思った。
・真実の思い、自分の感情を書くと良い作文になる。
・初めは千五百～千六百字の作文を書くのは無理だと思った。何度も書き直しよくなっていった。できないと思った事ができるようになり人間は強いものだと感じた。今は日本語の作文が好きだ。
・作文コンクールに応募して、自分を信じる事は強大な力になると知った。
・作文を書く前に、感情や偏見から自分を自由にすると良い作文が書ける。
・作文はテーマに沿って、始めから終わりまで一貫した展開がなされていなければならない。
・作文の素材は生活の中にある事が分かった。
・自分で作文が書けたとは意外だ。千五百～千六百字の作文が書けた。自分に誇りを感じている。
・初めは大変だと思ったが終わってみたら、そんなにたいした事ではないと分かった。大きな進歩だ。
・日本人の考えを理解して書く。
・作文を書くのが好きだ。時間をかけて一つの事を考える。考えは人を深く思考させる。その過程が好きだ。今はゆっくり書いているが、何度も書き力をつけたい。その場で与えられたテーマがすぐに書けるようになりたい。

教科書、教材を使っての勉強だったが、応募する作文を書く事によって読み手を意識するようになった。応募作文を書く事によって少しずつ客観的思考回路ができていった。

字数制限、期日制限などを守る事で日本人の「厳しさ」を学び、読み手の事を考える事によって「思いやり」「思慮深さ」を学んだ。

初めは不可能だと思っていた千六百字の作文が書け、自分に自信がもてるようになり、これからの日本語学習や人生にも前向きになった。困難な事にも諦めずに挑戦していく姿勢ができていった。

日本僑報社の日本語作文コンクールに応募して学生も教師である私も成長した。学生は日本語の作文力が向上した。教師は添削力が向上した。応募するからには入賞を目指して作文を書くのはいい事だ。回を重ねるごとに、ただ書きたいように書くのではなく、どのように書けば読み手が理解できるか考えて書けるようになった。

又、日本語学習の作文力の向上に留まらず、学生も教師も自分なりに、自分のできる事で日中交流に尽力したいと思うようになった。

長い時間をかけ、学生と教師が協力し、いい作文を書くという作業に携わった。応募したからこそ得られたものは大きい。

学生達は難しい漢字の語彙や文章表現は使えるが述語につながっていかない。述語がきちんと書けるように指導していく事が今後の課題だ。

今、私は三千字の作文を書く立場になった。頭がまっ白になり長い間書けなかった。日本語を学んで二年目の中国人の大学二年生が日本語で千六百字の作文を書かなければならないというプレッシャー、苦痛は大変だっただろう。想像を絶する。やり遂げた学生達と自分に拍手を送りたい。

（執筆・二〇一五年十二月）

書いたものには責任を持つ

山西大学　堀川英嗣

「日本語らしい日本語を書きたい」という気持ちは日本語を学ぶ学生一人一人が抱いているであろう。

一篇の文章を産み出すには多くの苦悩が伴う。「日本語作文」は通年の授業として三回生のカリキュラムに組み込まれており、仮に最終的な目標到達レベルを掲げるとすれば、それは「可能なかぎり忠実に自身の思いを再現できるようになること」であろうか。それを手助けしていくのがぼくの仕事だと思う。

そうはいったものの、実際には院生受験や就職について迷い始める時期でもあり、じっくりと腰を落ち着けて作文を書くことはなかなか難しい。従って「作文なんか面倒だ」と考える学生は少なくない。そこで文章を書くことの面白さを説くことから始める。これが一つ目の仕事だ。

まずは小説家や学者といった、所謂文章のプロがどのような考え方を持ち文章をものしていくかを話すことからはじめる。例えば村上春樹の「地下二階の小さなドア探し」や「井戸掘り」の話、またはデビュー作一句目から「完璧な小説など存在しない」と言い放ち衝撃を受けたこと、更には安倍公房の「夢と創作」の逸話や「川端康成がノーベル賞を受賞した後になぜ作品を発表しなくなったのか」「莫言はなぜ書き続けることが出来るのか」「なぜ小説家には自殺者が目立つのか」等の話をし、理想とする作文の姿を皆に考えてもらう。

心の準備が整ったら次は具体的に筆を動かすことになる。指定の教材はないので、第一学期は毎週、様々な文章の形式を練習し筆を慣らしていく。具体的には、まず日本語の文章に共通する形式や符号の再確認を行い、続いて一、二年生の時に飽きるほど書かされてきた感想文から入り、意見文や手紙、記事、ポスター、電子メール等の書き方へとすすめる。前者三種は自身の気持ちを素直に表現することを大切にし、後者は実用文書の書式やそれに相応しい言葉づかい等を学ぶ。細かな説明は省き、率先して日本語資料室や図書館へ赴き関係する参考書物を紐解くと同時に、名著を読み作文のための栄養分を蓄えていくことを勧める。名著を読む理由は簡単で、本を読まない人が文章を書けるようになるはずはないからだ。特に図書館や日本語資料室は宝の山であり、ぼくが口であれこれ説明を加えるより何倍も役に立つ。その中で「このような文章を書きたい」と思える書物に出合うことが出来たらしめたものだ。ある学生は川端文学にほれ込み全集を読破した。そのことが直接彼女の作文作成によい影響をもたらしたことは言うまでもないだろう。

読書を通じて各種の文体の形式や表現方法等を学ぶ。また手を動かすときには、中国語で考えてから日本語に訳していくのではなく、頭の中に日本語システムを樹立させることの必要性を強調する。翻訳の場合どうしても中国語に「引っ張られてしまう」からだ。直に日本語で考えることで描く、多くの文法的な誤りが存在するも、やや日本語らしい文章になる。これが第二段階だ。

この時、彼らに念を押す。それは自分の著した文章には必ず責任を持つことだ。毎週授業の二日前に提出してもらい、添削を加え、授業中に一人ひとりの作文について討論していく。その時に、「内容はもう忘れてしまいました」と言ってはいけない。授業では主に、一人ひとりの作文に対して、意味の通じない箇所について「一体何が言いたいのか」「なぜこのような文法の間違いをしてしまったのか」等をクラス全体で話し合う。そこからクラスに共通する問題点をあぶり出し、修正を加えていく。更にクラスメート同士で添削し合い、真剣に何度も推敲する必要を説く。季羨林先生は晩年、病床で口述したものを助手の方が書き記していた。その際に「三千字くらいなら推敲しなくても大丈夫だ」と仰っていたが、僕たちはそうではないこと。漱石や志賀直哉等の原稿の複製を見せ、文豪でさえ脱稿の際には容貌が一変していることを伝える。

「自分の書いたものには責任を持つこと」。これは口を酸っぱくして言い続けている。

春節休み前には、恒例の作文コンクールの課題が発表されるため、休みの間に構想を練ってもらい、後期一週目の授業で意見発表を行う。彼らの意見を尊重しながらも「テーマからずれていないか」「書ける内容かどうか」等を皆で検討し、微調整を加える。コンクールに出品する作文の制作はマラソンのようであり、学生たちは体力と気力を振り絞り、与えられた課題や字数制限に苦しみながら取り組んでいく。すると、「もう言いたいことは書き尽くしました」「何度も考えましたがどうも内容が面白くありません」等の悩みが出始める。そこで欠かせないのが栄養補給だ。これが第三段階、即ち後期の主な仕事となる。

補給は作文コンクールの作品制作と並行しながら、短文を用いて表現力を磨く練習を行う。谷崎純一郎や野間宏の『文章読本』や『文章入門』といった本を読むことを勧め、一つの内容を表わす時にも、様々な言い回しの中から自分が伝えたいニュアンスを模索することの大切さを伝える。そして観察したものを表現する練習を行う。例えば、「教室の窓から見える景色」「隣の席のクラスメートの顔」等について細かい描写が出来るように練習を重ねる。ディケンズは窓辺の景色に何ページも用い、竹添進一郎が描写した清国は李鴻章を脅かすほどであったのに、なぜ自分たちは三百字も書かないうちに詰まってしまうのかを考える。そして描写の対象を徐々に「見えるもの」から「見えないもの」、即ち写実的なものから感覚的なものへと移行し練習を続ける。

一定の観察眼を身に付けることで、「文字数の不足を無理やりに足していく」のではなく、「溢れ出す文字の渦をどのように制限字数内に収めるか」に重点を移せるようにしていき、最後にはこの短文練習をマラソンに応用させる。学生にとっては初めてとなる日本語を用いた長文制作となるので、チェーホフの銃を例に「出現した一つ一つの文字がそれぞれに意味を持つ必要がある」ことを強調する。彼らは時間いっぱいまで推敲を重ね、自分の伝えたいことを可能な限り正確に書き連ねていく。このように作文コンクール出品作は完成していく。

作文は非常に個人的な作業であり、個人の努力で読書を重ね、推敲を重ね、書作を重ねるしかない。そこにマニュアルや特定の指導法は存在しない。言葉づかいから句読点の打ち方、全体の結構まで人それぞれであり、絶対的な評価は存在しないと思う。

「いい成績を取れるようなものを書く」必要はなく、要は内容の上で「自分が納得できるもの」を書けたら、それで御の字ではないだろうか。

授業という狭い枠の中でぼくがやれることは、文章を書くことの苦しさやその後に待っている達成感や爽快感を知ってもらうこと。話し合いや確認作業を繰り返す中で、彼らが表現したいものを彼ら自身の手で、可能な限り眼前に再現できるように手伝うことくらいだ。

（執筆・二〇一五年十二月）

「私」でなければ書けないことを大切に

上海交通大学　河崎みゆき

一、中国の日本語作文の任務とはなにか

この約十年に及ぶ中国の大学教育における作文指導では、ある程度成果を上げてきたという思いと、未だに模索を続けている部分とがある。

中国で教える前、中国帰国者センターや日本語学校、某省財団法人でニュースレターの編集校正などをしてきたため、作文指導や文章を書くことの経験を積んでいた。しかし、中国の大学教育では、何をどう教えるかが、作文授業の場合、すべて日本人教師の裁量に任されているため、到達目標や指導方法に確立したものがない。そのため、設定した目標は、①卒業論文が日本語で書けるまでの作文力の育成　②大学生として、メールや就職活動でのアピール書などの実用作文が書けること　の二つだ。1は日本国内の留学生や日本人大学生のレベルには到達できないとしてもやはりアカディミックジャパニーズグループがいう「日本の大学での勉学に対応できる日本語」を意識し、大学生という知識人としての持つべき日本語作文力を目指したいと考えている。

二、カリキュラムの問題

八年半教えた華中科技大学でも現在の勤務校・上海交通大学でも作文授業は二年後期から三年生前期までの三期、週一回十五回×三期＝四十五回の授業だ。ほぼ毎回四百字で一本。筆者が設定した各期の目標は以下の通りだ。

三、二年後期：写作⑴日本語で作文を書くことに慣れる。身の回りのことを書く力を養う。

初めての日本語作文となるため、日本語で作文を書くことに慣れることが重要だ。そのためハードルをあまり高くせず、自分を文脈化する過程で、できるだけ幅広いテーマに取り組む。テーマの例は、私の家族、私の趣味、私の町、私の好きなことば、私の尊敬する有名人、町で見かけた人（観察）などである。これらのテーマは基本

的に特に資料収集をしなくとも、自分の中にもある材料で書ける。一番大事なことは、魅力ある文章の基礎にある「私」が出やすいテーマとすることである。経験から言って中国人の学生は、似たりよったりの文を書きがちなので、文は人なり、人に読ませるだけの文章にすることを目指して指導している。外国人への作文指導としては、もちろん文法の正確さや、表現力というのは大事なポイントであるが、文法が正確であればよい文章であるとは限らない。よい文章というのは書いた人の見たもの、考えたことが読者に伝わり、読者を納得させたり、新たな観点をもたらすものだ。血の通わない模範文的文章では基本点が取れるに過ぎない。この段階では、生き生きと読者に伝えるためには具体的な例を用いるように指導する。例えば、家族のことを書くなら、その人がわかるエピソードを書かせ、好きな○○ならなぜ好きなのかという理由が必要だ。そこにやはり「私」が見えてくる。

四、三年前期：写作⑵社会的テーマに挑戦する

二年生後期から、社会的問題に目を向けて、調べて書くという作業を体験してもらっている。そのため、テーマは必ず事前に伝えて、基礎的知識や、関連のニュース報道に注目してその問題について考えるように課題を出しておく。テーマは環境問題や、教育問題、医療福祉、科学、情報化社会といったものだ。ただし、大きいテーマはそのままではもちろん四百字では書ききれないので、例えば、環境問題では自分の町や身近にある問題に注目するように指導する。"Think globally, Act locally"が環境問題の基本である。社会的問題はきちんと把握し消化できるまで調べたりしていないと中身のない、たんなる批判や上滑りの議論に終わってしまう。何が問題でそれをどう解決できるかを調べたり考えさせたりするようにしている。前期の「私の問題」から、突然難易度が高くなったと感じるので、教師側も身近なニュースなどを用意したり、閲読などと連動させて書かせることもある。この際気をつけたいのが、ネットの丸うつしである。関係資料を調べると勢いそのままの切り貼りや、ただの翻訳になってしまうことがあるので、それは剽窃行為であり、消化して自分の言葉にし、引用の場合は引用先を明記することなどを指導する。怪しいと思ったらかならずネットでチェックしている。また、ここでも人が書かな

いような問題を見つけてくるよう指導している。これは小論文に相当するので、小論文の形式について指導している。

五、三年後期：各文形式、レポート、実用作文、コンクール作文

三年前期でも教師への連絡メールの書き方や、暑中見舞いなどメールの書き方は指導しているが、後期では、依頼、断り、お見舞いなど、ある程度形式が決まっていて、知識がなければ書きづらいものを指導、手紙も、拝啓・敬具や季節の挨拶文などなど旧来の書き方もとりあえず教えている。また大体この時期（あるいは三年前期）に日本語作文コンクールに挑戦してもらい、これまでの四百字から、千五百〜千六百字の長さのある作文を書かせている。三年後期の目的は主に四年の卒論につながる①レポートの書き方や、②メールの書き方を中心にした実用作文が書けるようになることだが、1の準備としてグラフの読みかかたや、調査報告の書き方、要約のしかたなども指導している。

現在 日本の日本語教育実践の大きな流れに作文でもピアワーク活動があるが、知識重視主義、教師から、いわば「早く、正しい、大量」の知識をもらってそれを記憶していくという中国式教育に慣れている学生たちにはピアワークは不評である。この現状を打開したいと試行錯誤中だが、一方で学生の好む教授法ということも無視はできない。

また、中国の名門大学日本語学科の学生が必ずしも日本企業への就職を百パーセント希望しているわけではないことを考えると実用作文はどこまで教えるか、主に中国人の先生が担当する卒論の書き方の指導と、作文の授業における卒論の書き方の指導をどこまで相乗りさせていくか、日本人教師の裁量に任されるのではなく、協力関係が必要であると感じている。

六、指導方法——作文クラスブログの活用

最後になるが、作文指導では、学生になかなかなぜこう直したのかという過程が見えにくいということがある。筆者はクラスブログを用いて、解決に努めている。手順は一つのテーマにつき、四〜五人ほどブログに書いてもらい、授業時間に教室でスクリーンを通して、作文をみ

んなで見ながら添削していく。全員分では、飽きてしまう学生もいるので、一テーマ四～五人までとしている。他の学生に関しては原稿用紙で提出し、原稿用紙の使い方を含めチェックしている。ブログにすることによってテーマに合わせた作文が四～五本ずつ残っていく。ブログには添削前と後のものを残している。

七、終わりに

作文指導は添削が教師の負担になることも確かであるが、ハッと心打つ文章に出合う体験もする。

日本で教えていた時、アルバイトで休みがちのある学生の書いた作文だった。

「夜、アルバイト終わります。電車に乗ります。窓から東京タワーがあります。赤いです。キレイです」。万年初級の文法で書かれた作文だったが、彼が見た東京タワーの美しさが二十年近く経った今も心に残っている。

若くして病気で亡くなった学生の作文に書かれた、お姉さんが帰郷し、一緒に裏庭の桃をもいだ時の喜び。彼の級友たちと御墓参りに行き、彼のお母さんやお姉さんに会い、口には出せなかったが、作文の中の桃の実る夏の日を一人鮮やかに心に描いた。

作文指導は時間は割かれ、寝る時間も削られ、苦労も多いが、その中に学生の思いや思索、成長が見えるうちは、添削、コメントを書くという作業が続けていけるだろう。また、そういうものが見えてくるようこれからも指導したいと思っている。

（執筆・二〇一五年十二月）

三段階の作文授業

広東省東莞市理工学院　入江雅之

一、大学について

本大学は中国大学の基準からみると、2Bランクの公立大学ということになっている。理工学院の名の通り、理工系の学部の学生が多く（総計二万人規模）、外語系は英語四クラス、日本語一クラスとなっている（日本語学科は、二〇一一年新規創設、当該クラスは二期生にあたる）。

二、本大学の作文授業について

作文の授業は、二年次（九月～翌年六月）、計十四回（週一回九十分）となっている。

三、対象クラスについて

二〇一四年授業時：二年生・二十三名（男五名）

毎週月曜日　午後二時三十分～四時十分

学生は、基本的には真面目に授業に取り組み、宿題なども確実に提出する。

四、指導目標

原稿用紙の書き方、表記上の注意等から始まり、約千字程度の文章作成までを主な目標と設定した。また、初期の段階から学生同士が文章を読むことを重視し、後半では学生相互に誤文修正や、文章構成について討論できるようにした。

五、教師の取り組み

「授業は失敗の場である」、学生の発言の間違い、ミスは褒めるべき対象であると考えている。その反面、「わかりません」「知りません」という回答は厳禁している。そのため教師の質問に留意している。

誤文ばかりでなく、美しい日本語表現をした作文を紹介する。

週一回、三人ずつのグループで朝始業前に三十分の自由会話を教師と行い、普段の学生の様子や考えなどを把握。そのため、授業において誤文の例を出す際、実名を出しても抵抗感がなくできた。

六、授業について

⑴初回授業

①星新一「ゲム星人」の途中までを印刷し、読ませ続きを考えさせる。
②原稿用紙の書き方の規則を指導。
③その場で、文を書かせる。

⑵第一段階（第二回〜） 文字数四百字

★目標
①原稿用紙の書き方が正しく理解できる。
②正しい助詞の使い方を理解、応用できる。
③単文から複文への挑戦。
④既習文法事項（慣用句、諺）を使い、楽しく表現できるようになる。

★授業内容
①月曜日授業の際、テーマを提示。（資料⑴）
⇩ 木曜日（読解授業の際）提出。
②週末にかけ、教師が添削、感想を書き、PPTにて、誤文例を作成。（資料⑵）
③月曜日に、誤文例を元に、学生に正しい表現を考えさせる。（①に戻る）（資料⑵）
④清書した作文の裏面に、他の人の感想を書いてもらう（五人以上）。清書は再提出。

⑶第二段階（第九回〜） 文字数九百字以上

★目標
①他の学生の文章を読み、構成についてアドバイスできる。
②よりよい表現方法を獲得できる。

★授業内容
①WORDにて作成させ、印刷後、次回の授業に持参。
②授業時、四〜五人のグループを作り、話し合いをさせる。内容は、主に、文章の構成について。
⇩教師による添削。
③清書をし、感想を裏面に書かせる。

(4)第三段階（第十二回〜）

★目標

①他の学生の、文章の構成、および日本語の誤文修正ができる。

★授業内容

①授業時

四人グループを作り、下記について話し合い

一）助詞、文法、不適格な表現方法などを直す。

⇩三十分経過後、教師が全員の文を読んで回る。

（感想と、学生が気づかない点を指摘）

二）もっと、面白い文章にするにはどうしたらいいか、アドバイスをさせる。

②翌週までの宿題

修正したものを、ＷＯＲＤにて教師に送る。

③翌週、誤文修正

七、反省と課題

わずか十四回の授業で、文章能力を飛躍的に向上させることは無理ではあるが、文章を作り、自ら推敲することの重要さは理解させられたのではないかと考える。ともすれば単調な作文授業であるが、毎回学生が意欲的に活動してくれたことには満足している。作文の授業は本来、初級・中級・高級日本語の授業の中で継続的に行われることが望ましいが、中国人教師の場合誤文の修正が難しい場合が多いため、消極的になりがちである。

今後は、他の中国人教師も巻き込んだ形で、作文指導を実践していきたいと思う。

八、資料

(1)作文テーマ（次回宿題用）

第一回　ゲム星人

第二回　臨死

第三回　大人になった瞬間

第五回　あなたは、運を信じますか

第六回　自殺について『わたしの意見』

第七回　一枚の写真から、ひとつの体験を表現する

第八回　「あなたは先生です。成績が上がらない生徒にどのような指導をしますか」字数九百〜千百字

第九回　私の小さな冒険
第十回　中国では、両親が男の子を欲しがることの是非について
第十一回　あなたは､両親を老人ホームにいれますか？
①親の希望
②実態（中国の高齢化、自宅で死ぬのと施設で死ぬ実際の人数）
③自宅介護の問題点
第十二回「わたしだけが知っている　○○さんの面白い話」
第十三回「自分の欠点を笑い話にしよう」

⑵誤文例（典型的な例）
1．ゲム星人は、その問題の解決方法を出てくれる。
自動詞、他動詞の違いの明確化
2．地球と違う星球
中国語の単語をそのまま使用してしまう
3．あなたをスパイと言ってあげて、本当にすみませんでした。
～てあげる、～てもらう、の意味と使い方
4．私はほしい未来が、全部自分の手で叶える。
複文構造の理解と助詞の使い方
5．ある日、父は泣いて、私はどうするか全然分からないといった。
泣くという言葉のさまざまな表現方法について（目を潤ませる、涙が滲むなど）
6．よく働くと、お金を稼いでいい生活ができる
～と、～ば、～たら等の使い方の違い
7．実は私は自殺したことがある。中国では自殺した老人は多い。愛している家族
動詞の活用形の意味の違い
8．あそこには、化物があるよ。
ある、いる、の語感

（執筆・二〇一五年十二月）

時間がない！

対外経済貿易大学　寺田昌代

私は書くことが苦手だ。

近世以降「読み書きそろばん」が基礎知識の代名詞とされてきたが、私はこのいずれも苦手である。学部も文学部ではなく、修士研究は音声学。読書といっても文献と実用書がせいぜいの日々である。そんな私に何が書けるのだろう。今回の体験記も遠慮しておこうと思っていたが、エッセイ風でも可とのことだったので恥を忍んで投稿することにした。

もうお分かりのことと思うが、私の一番担当したくない科目が「写作」（作文）である。母語話者であるという理由から大抵この科目は日本人教師が担当する。私も例外ではない。おそらく、文学で博士号を取得した中国人教師のほうがよほど上手な日本語文を書くに違いない。それがわかっていてもやはり引き受けなければならない宿命の科目である。中国国内の教育機関に勤める日本人教師は、それぞれに工夫を凝らし、学習者の能力向上に努めている。今回のテーマを書くにあたり、様々な作文指導法が報告されていることと思うので、私はまず、中国国内における作文教育の問題点について考えてみたい。

問題は、ずばり「時間がない」ことである。

以前勤めていた大学では三年生で通年の授業が設定されていた。せめて二年生から始めないと遅いのではないかと思っていたが、今の大学に至っては四年生の一学期にしか写作の授業がない。要領の良い学生は少しの助言で作文能力が飛躍的に向上することもあるが、文法の間違いや表現の不自然さが中間言語的に固まっている学生は少なくない。一学期間、たった十六回で「修辞」まで習得できるとはとても思えない。知識として得てもそれを実現できなければ意味がないのである。

では、習得するためにはどうすればよいか。おそらくは何度も書くしかない。ここでもうひとつの時間の問題が発生する。作文は時間のかかる作業なのだ。

今の中国の大学生は、ダブルメジャー、ダブルディグリーの導入により受講する科目が非常に多い。就職活動において日本語だけで勝負できなくなった昨今、日本語学科の学生といえども、日本語だけに専念するわけにはいかないのが現状である。学生にしてみれば、日本語作文になど時間を費やしたくないというのが本音だろう。もしかすると、外国語だから書かないというわけではないのかもしれない。卒業論文の季節になると「査重」のお達しが回ってくる。「査重」とは他人の書いた文章をそのまま使用しているかどうかを調べる、つまり「サイト記事のコピペ」の検査である。卒論指導を経験された方には覚えがあるかもしれないが、学生自身が書いた部分とあまりにも異なるため、コピーペーストしたことが一目瞭然という論文があまりにも多い。嘆かわしいことではあるが、こと外国語教育においては、学生ばかりを責められない。かつて「唖巴日語」といわれ、「読むことはできるが話せない」日本語教育が問題になっていた。その経験を踏まえ会話を中心としたコミュニケーション重視の教育が推進されてきた。現在、アニメなどサブカルチャーの効果も手伝って「唖巴」の汚名は返上されたといえよう。コミュニケーションの方面においてこの教育は成功したようにみえるが、一方で「読み書き」が置き去りにされてしまったようにも思える。結果的にそれに充てる時間がより少なくなったのではないだろうか。

もとより、作文は修辞を学ぶ科目である。日本人でも苦しむ作文を外国人、それもほんの数年前まで「あいうえお」も知らなかった学生が短期間で習得できるのだろうか。学習期間、学習者の環境、教育方針、いずれの面においても「写作には時間がない」のである。

このような環境の中で「中国人の日本語作文コンクール」は、まさに一筋の光だと思う。よほどの日本アニメヲタクでも日本語で日記を書き続けるとは思えない。何かきっかけがなければ書けないのが「作文」なのだ。しかし、残念なことに、しつこいほど働きかけてはいるものの、答えてくれる学生はまだ少ない。募集期間に写作がないため、授業に組み込むこともできず、また、団体応募もできない。今の私にとってこのコンクールは宝の持ち腐れである。たくさんの学生をこのコンクールに送り出せる諸先生が羨ましい。

さて、授業の話に少し触れたいと思う。

写作での学習項目は、履歴書の書き方、ビジネスに応用できるメールや手紙の書き方、卒業論文の書き方、この三項目に絞っている。もちろん、提出された作文に関する誤用の解説も含まれているが、時間的にはこれが限界である。その代わり、二年生の会話の時間に短くとも必ず日本語を書いて提出させるようにしている。会話なのに書くの?と思っている学生もいるかもしれないが、この段階で誤用を発見しなければ手遅れになりかねない。とにかく書くことに慣れることが写作の前段階であるように思う。

また、視聴説の時間には、資料映像をもとにメールの書き方を学習することにしている。日本語と中国語ではメールの書き方で大きく異なる点がある。代表的な事柄として挙げられるのが、改行と依頼メールの最後のことばである。二十から三十文字程度で改行し、四行程度で一行空けるのが日本のメールの習慣だが、中国にはそれがない。何かを依頼するメールでは、中国語は英語と同じく感謝のことばで締めくくるが、日本語は必ず「よろしくお願いします」である。これらのことは、誰かが教えなければわからない、またはそうする必要を感じない事柄かもしれない。携帯電話のチャットやショートメールに慣れているせいか、宛先や差出人の名前を書くことにすら気づかない学生も多い。写作の授業を受ける頃には、既に学生は日本語でメールを書いている。授業を待っていては遅いのだ。

作文の授業以外に作文をさせるというのは、何かズルをしているような気もするが、こんなことができるのも、常に理解を示してくれる対外経済貿易大学の先生方のおかげと感謝している。

比較的長い文章、例えばスピーチコンテストや作文コンクールに出す原稿などは、できるだけ中国語文を同時に提出してもらっている。学生が何を表現したいと思っているのか、微妙なニュアンスは学生が書く日本語だけではわからないことがある。「こういう事が書きたいのだけど日本語でどう書けばよいかわかりません」と学生が部分的に中国語を書いてくる場合もある。私の作文指導の中でここが一番大切な部分だと思っている。なぜなら「書きたいことを書く」のが作文だと思うからだ。個人的には面白くない文章だと思っても日本語として完成すればそのまま応募させるのが信条である。

修辞の良し悪しは既に学生に身についている。母語よりも外国語で上手な文章を書く人を私は知らない。「外国語の能力は母語の能力に比例する」というのが私の考えの一つであり、「母語を活かして外国語を学ぶ」ことが習得の近道だとも思う。また、外国語学習には「気づき」が重要だとよく言われる。作文は時間がかかる作業だが、とにかく書いて、たくさん間違えてほしい。間違いに気づかなければ正しい使い方はできないのだから。

最後に、書くことが苦手な私だからこそ学生の皆さんに伝えたいことがある。「書くよろこび」とは書くという作業ではなく完成した時の充実感を言うのだと思う。毎朝鳥のさえずりが聞こえるまでパソコンに向かい、何度も何度も指導教師のダメ出しを修正し、苦しみぬいて修士論文を書いていた。でも、それを提出した時の解放感や満足感は今も忘れない。これから卒業論文を書くみなさんにも是非このよろこびを知ってほしいと心から願っている。

（執筆・二〇一五年十二月）

対外経済貿易大学の隠れ名物『壁の落書き』
「貿大であなたに出会ったこと、それが私の人生で最も美しい風景」

作文と論文のはざまで

重慶大学　木村憲史

日本語教師歴も十年を超え、中国に赴任してからも、複数の大学にて教鞭を執らせて戴いた。その過程で様々な科目を担当してきたが、語学の四技能（読む、聞く、書く、話す）の核心に当たる「会話」や「聴解」、そして「作文」は、所が違えども毎年のように担当してきた。本稿は、私の中国の大学における「作文」の授業での指導経験を元に帰納法的見地から拙論を述べるものである。

一般的に、授業で目指すべき作文能力とは何であろうか。それは正確な文法を駆使し、自分の書きたいことを読み手に伝わるように表現することであろう。これは日本語に限らず、どの言語を学ぶにしても必要とされる能力であるので異論はないだろう。では、中国の大学における日本語専攻の学生に対する作文の授業の最終目標は何であろうか。私は日本語で卒業論文を書けるようにすることだと思っている。

日本の大学において外国語を専攻した場合、卒業論文の研究対象としてだけではなく、論文の使用言語そのものも、その専攻した外国語に義務付けられることはあまりないであろう。つまり、中国語専攻の学生であっても日本語で論文を書くことは少なくないということである。しかし、中国では、外国語を専攻する以上は、研究対象としてだけではなく、使用言語としても外国語を用いることを義務付けている場合が多いのである。少なくとも私が赴任した河南省や重慶市の大学では、論文は日本語で書くことが必須条件であった。このような環境では、作文の授業の最終的な目標は「作文の書き方」というよりもむしろ「論文の書き方」を如何にして習得させるかということになる。

そもそも作文と論文の違いとは何であろうか。長文を駆使して自分の意思を表現するという点では、両者に相違はない。しかし、作文は自分の書きたいことを自由に書いても問題はないが、論文は自分の意見を他者にも共感してもらえるように努力する必要がある。つまり、作文は「主観的」であっても評価されるが、論文は「客観的」で、「論理的」でなければ評価されないということである。極言すれば、同じ文章でも、「作文」であれば褒められる文章が、「論文」では貶されることすら生じ得るのである。

このように二律背反する要素を持つ「作文」と「論文」であるが、中国の大学で指導する日本語教師は、どのようにしてこの問題に対処すべきなのであろうか。勿論、大学では「初級作文」「中級作文」「高級（上級）作文」のように段階別に作文の授業が用意してある場合が多い。しかしながら、カリキュラムの設定が十分でない場合があり、授業内容は担当講師の裁量に委ねられやすく、担当する講師が別々の場合、意思の疎通や引き継ぎの問題が生じ得る。また、中国では大学生の就職難が深刻化しているために、四年生になると就職活動や進学準備に軸足を置き、結果として四年次の授業は出席率や意欲が他の学年よりも低くなる傾向にあるので、科目として存在していても有名無実化してしまう。結局、論文の書き方も満足に知らない学生達が、卒業するために論文執筆に取り組むことになり、論文指導担当の講師も一から論文の書き方を指導する時間は与えられていないので、論文作成に際して問題が生じることがある。

このような問題が全ての大学で起きているわけではないだろうが、私の経験を通して考えてみると、決して少なくないように思われる。この問題の最善の解決策は、大学側がしっかりとしたカリキュラムの体系を作り、学生の能力の段階に応じて、「条件作文」や「パラグラフライティング」から始め、「自由作文」、「プロセスライティング」を経て、「卒業論文」へと指導できる環境整備をすることであろう。しかしながら、現実問題としては日本人講師が中国人講師と協働して大学のカリキュラム作りにまで参画できる例は殆どないため、現状のまま問題が先送りされる可能性が高い。そうなると、次善の策としては、作文の担当講師が限られた時間の範囲で、「論文」への道筋をつけられるように誘導する策を模索するしかないのである。

以下は上記の問題意識を持ちながら、私自身が実践してきた作文の授業の一例である。平均的な学生の日本語能力は日本語能力試験N2（二級）合格レベルで、次の試験でN1を目指す段階の学生を対象にしたものである。

先に述べた通り、「作文」という名の授業でありながら、「論文」を最終目的としている以上、「作文」から「論文」へと学生の意識付けを少しずつ変化させるように指導する必要がある。つまり、学生にはいつものような「作文」を書かせる授業を行いつつ、フィードバックの段階で「客観的」「論理的」な文章を自然と目指すように誘導するのである。

私が実際に学生に与えた課題は、「ペットにするなら犬がいいか、豚がいいか」という文章を書かせるものであった。なぜこのような課題を与えたのかというと理由は三つある。

一つ目は、犬であろうが、豚であろうが、身近な動物であり、誰もが共通の意識を持ちやすい対象であるということである。中国で教師をしていると戸惑うことの一つは、同じ中国人で、同じ大学の学生でありながら、出身地や民族そして経済的な背景が異なると、共通点よりも相違点の方が多いことである。故に、「～は中国ではどうですか？」という質問には注意が必要なのである。何故なら、バラバラの意見が噴出し、収拾がつかなくなる恐れがあるからである。その点から鑑みると、身近な動物は比較的共通の意識を持ちやすい。

二つ目の理由は、殆どの学生がペットとして馴染みのある犬を選ぶことが容易に想像できることである。実際に、今までこの課題を異なる学校で、百人強の学生達に与えてみたが、九割以上の学生は「犬」を選び、「豚」を選ぶ学生は殆どいなかった。

三つ目の理由は、「犬か猫か」よりも、「犬か豚か」にすることで、学生は、自身の経験や知識から犬の素晴らしさ、もしくは豚のペットとしての問題点を集中的に列挙するので、教師としてはフィードバックの段階で「主観的」な作文と「客観的」な論文の違いを指摘する際の格好の例が多く提供されるからである。実際に、この課題を与えられた学生の半分以上は、「犬の素晴らしさ」を切々と書くことに終始し、三割程度の学生は「犬の素晴らしさ」と「豚の問題点」を挙げる程度で、犬の問題点や豚の長所に言及し、比較考察するという「客観的」

な文章を書く学生は殆どいなかった。

さて課題を完了させ、文法的な問題点を洗い出し、フィードバックの段階に入ると、学生達には「君たちは、詐欺にあったことはありますか?」という疑問を投げかけることにしている。唐突な質問に学生達は、最初は戸惑うが、決して難しい質問ではないので、自らの経験の有無や、友人やインターネットを通じて知った伝聞情報などを口々に語ることが多い。そして、「詐欺師はどのようにして人を騙すのでしょうか?」と質問を重ねる。勿論、様々な意見が出てくるであろうが、一つの意見として「甘言を弄する」という内容が出てくる。そこで、学生達に「『あなたは可愛いですね。頭がいいですね。やさしいですね。だからお金を貸して頂戴』という人にお金を貸しますか?」と更に問う。この問いに殆どの学生は否定的な態度を示す。それを踏まえ、「では、なぜあなたたちは、『犬は可愛いです。人間に忠実で賢いです。友達のように接してくれます。だから犬の方がペットとしていいです』としか書かないのですか? 良いことばかり書いていても、読む人には『本当かなぁ?』と疑われてしまいますよ」と指摘するのである。

そこで初めて、学生たちは、「主観的」な文章と「客観的」な文章の違いに気付き始めるのである。それを梃子に私はより客観的な文章を書けるように指導し、最終的には論文を書くのに相応しい能力の習得を目指すのである。

紙幅の関係上、これ以上の詳細を記すことはできないが、このように「主観」から「客観」への流れを作ることが私の作文教授法なのである。

（執筆・二〇一五年十二月）

〈面白み〉のある作文を

同済大学　宮山昌治

日本語を学ぶ際にもっとも難しいのはやはり作文であろう。もちろん、会話も大いに難しいが（敬語となると、日本人でも正確に使いこなせる人は多くはあるまい）、会話の場合は、聞き取りは重要な点を聞き逃さなければ何とかなるし、話す時は発音や文法が多少おかしくても、相手に意図が伝わればよい。会話の教材を探すのも容易で、参考書がいくらでも出ている。聴力なら映画、ドラマやアニメなどで鍛えることができるし、話す方は相手がいないとやや不便だが、ネットによる相互学習もあることだし、日本人相手に練習すれば、短期速成も可能である。もちろん、一流の通訳になるのは至難の業だが、努力すれば、短期で上級レベルに達するのは夢ではない。

しかし、作文で上級レベルに達するのは非常に難しい。作文は会話と異なり、形として残るので、間違いが目立ってしまう。だから可能な限り、文法の正確さを目指さなければならないが、助詞などを完璧に使いこなすのはかなり難しいことだ（日本人でさえ怪しい人がいる）。さらに、文法が正確であっても、中国語を直訳した感じの不自然な文章をつい書いてしまいがちである。また、達意の文章となると、母国語でそれが十分に書けない人は日本語でもやはり書けないだろう。だから、正確無比で簡潔明瞭な文章を書くのは、日本語を何十年も学んだ研究者ですら容易なことではない。

それでは、どうやって作文を指導すべきか。私の考える作文指導の最終目標は、とにかく間違いが少なく、意図がきちんと伝わる文章が書けるようになることである。だが、まさに「言うは易し、行うは難し」で、作文指導は容易ではない。一番困るのは教材である。作文をテーマとした教科書はそれほど多くないのだ。しかも、会話の本と違って、文法書に類するものなので、面白い挿絵もないし、やや難しくもあるし、専門家や好事家以外、読んで面白い本とは言えない。学生にとっては非常に取っつきにくい本なのである。さらに分量もかなり多く、要点がどこにあるか、学生には摑みにくいだろう。だから、教師としては、そうした本をいかに効率よく教えるかに気を配らねばならないのだ。

私は作文指導については三段階を置いている。まず第一段階は、文法を中心に教える。それで、簡単な感想文は書けるようになるだろう。第二段階は、感想文の域を脱した、作文コンクールに出すに値する作文が書けるようになることである。第三段階は、論文が書けるようになることだが、これは今回のテーマからは外れるので述べない。

第一段階は、文法中心と言っても、文法をすべて教えていたら時間がなくなってしまうので、基礎的な表記法、助詞の使い方、敬語の使い方など、作文に最低限必要な知識をざっと教えることにしている。それと並行して学生に作文を提出させて、それを直して返すことを繰り返す。その際に、学生が間違えやすい個所を抽出してデータを集める。中国人が日本語作文で間違えやすい個所はどこかを分析した研究書がいくつかあるので、参考にはしているが、概して量が膨大なので、すべて教える時間はない。だから、学生の作文から誤りのデータをとって、そこから頻出順に教えたほうが、効率が良いと思う。それらの誤りがなぜ誤りなのかを解説することで、学生が同じ間違いを再び冒す可能性はずいぶん低くなる。

第二段階は、感想文から作文コンクールに出すに値する文章を目標とするが、それは、学生は感想文や「模範的」な作文には長けているが、それ以上のレベルの文章が得意でないことが多いからだ。もちろん、それは論文と言うには程遠いレベルである。

感想文なら気ままに所感を記せばよいので、出来事を紹介して、楽しかった、悲しかった、と主観的に記せば事足りる。だが、その上のレベルの少々論理的な文章となると、すぐに「模範的」な作文になってしまうのである。「模範的」な作文とは、書店で売っている〈模範作文集〉のなかにあるのとそっくりな作文のことだ。こうした本には、よくある例を一つ挙げて、ありきたりの紹介をして、もっともらしい教訓話で締めくくる形式の文がたくさん紹介されている。〈模範作文集〉を参考にして、インターネットでちょっと調べれば、例はいくらでも見つかるし、その例を紹介したあと、最後の締めくくりの立派な言葉につながる文章を差し挟めば、簡単に作文が出来上がる。

たとえば、「災害」というテーマで書くとすると、どこかで起こった災害を調べて紹介する。困っている人が大勢いるので、そのための救助や募金活動について触れる（事例をいくつか示す）。最後に、困っている人には手を差し伸べるべきである、などと記す。また、たとえば「中日友好」というテーマなら、かつて両国間には悲しい戦争があった。その後、両国は一衣帯水の隣国として、経済面や文化面などで協力関係にある（データなどで示す）。わたしたちはこの協力関係を一層推し進めていくべきだ、と締めくくる。

もちろん、こうした作文は万人受けする正しいものだが、悪く言えば、頭をひねらなくても書けるものだ。たしかに具体例があり、その解釈もあるという構成なので、「模範的」な作文として申し分ないのだが、いかんせん個性に欠けており、〈面白み〉に欠けるのである。こうした作文でよくない点は、作者と何の具体的な関係もないことなのだ。だからこそ、万人が一様に、機械的に書けるものなのである。せめて、抽象的で立派な言葉で作文を締めくくる時に、自分はどんなことができるか、どんなことをしたかを具体的に書くべきではないか。

作文コンクールに出すのであれば、〈面白み〉がやはり必要である。そもそも、誰もが書ける「模範的」な作文であれば、内容も構成もそっくりな作文が全国から何百と集まって来ることだろう。そんな〈面白み〉のない作文は読んでもらえないのだ。作文というものは、読んでもらえるものでなければならない。

〈面白み〉といっても、面白い話を書けばよいということではない。作文に個性があり、書いた人がどんな人なのか伝わってくるものを書いてほしい、ということなのだ。それには、インターネットですぐに探せるような例ではなく、自分が体験した例を出すことだ。そして、それにお決まりの感想と結論をつなげるのではなく、その体験から感じたこと、考えたことをしっかり記すことが必要だ。とくに、体験から感じたことで、なにか驚きがあったはずである。その驚きによる考えの変化を記せば、構成が豊かになるし、どのような考えなのかが強調されてよいだろう。その変化の発見は、作者のみならず読者にとっても刺激となるので、読ませる作文になるのだ。

構成をどのように立てればよいかについては、帰納法、演繹法、弁証法といった論理学の術語を教えて参考に供することにしているが、実際のところ、書いてみないとなかなか身につかないもので、そういった構成の工夫は二の次でよい。なにより、何か自分が体験したことで深く感じ、考えたことを言葉にすることが重要だ。

作文コンクールはその点、読者に向けて作文を書くための良い訓練になると思う。受賞作を読むのも非常に有益なことである。どのように個性を表わしているか、その技術を範として習得すれば良い。自分の考えを人にはっきり伝えるためには、自分の考えをしっかりさせなければならない。そして、それを魅力的に説明するという一連の訓練は、その後の卒業論文でも、また仕事や生活でも大いに役に立つことだろう。だから、私はなるべく作文コンクールには参加するように呼びかけている。

（執筆・二〇一五年十二月）

「大森精神」を後世に伝えるために
―あとがきに代えて―

段躍中

大森和夫先生、弘子先生ご夫妻に私たちが初めてお世話になってから、あっという間に二十年の年月が過ぎました。

ご夫妻は、「二人三脚」で続けてこられた三十五年間にわたる長年の活動の中で、中国人などを対象とした「日本語作文コンクール」を二十六回主催、独自に作成した「日本語教材」を発行し、中国各地に寄贈してきました。こうした中国における日本語教育および日本文化の普及活動を通じて、中国との日本語交流とともに、日本語教育の人材育成に多大な貢献をされてきました。

今回の出版にあたって、お二人への感謝の気持ちを込めて、ご夫妻との交流などについて少しまとめてみたいと思います。

■大森ご夫妻と日本僑報社

二〇〇二年、日中国交正常化三十周年記念出版として、国際交流研究所編著の『中国の1万2967人に聞きました。』を、弊社から刊行させていただいて以来、大森和夫先生、弘子先生の書籍を合計十六点、弊社から刊行してきました（※別紙リスト参照）。

毎回、ご夫妻の書籍を出版する際には、ご夫妻に温かく接していただき、大変丁寧に指導してくださいました。それらの書籍の中には、朝日新聞の「天声人語」に紹介された書籍もあれば、中国の大学で参考書籍として使われた書籍もあり、ご夫妻の中国の日本語教育支援の貴重な記録だけではなく、日中民間交流の歴史をしっかり記録したシリーズとなりました。この場を借りて、改めてご夫妻に心から感謝を申し上げます。

■「中国人の日本語作文コンクール」開催

二〇〇四年、上海の華東師範大学で、大森和夫先

生、弘子先生が主催する中国の大学生向けの「日本語作文コンクール」の表彰式が開催されました。私たちもご招待いただけたお陰で、中国の大学生たちが流暢な日本語でスピーチした様子を初めて観賞しました。学生さんたちのスピーチからは、日本語と日本文化を一所懸命に勉強している様子もうかがえ、大変感動いたしました。

大森和夫先生が総括の挨拶の時、「体調」を理由に「作文コンクールはこれで最後になるかもしれない」と仰ったところ、会場が水を打ったように静かになり、大変名残り惜しいという空気が流れた気がしました。数名の学生さんは、涙を流しているようでした。

なぜ学生さんたちがそんなに感動し、コンクールの終了を惜しむのか、それは大森ご夫妻が十数年の長きに渡ってコンクールを主催してこられて、日中両国にとって大きな影響力のあるコンクールへと成長したこと、そして、多くの中国人の学生たちがこれらのコンクールに参加・受賞したことがきっかけで、日中交流の第一線で活躍される人材を多く輩出してきたからです。

上海の表彰式から東京に戻った後、大森和夫先生と出版に関する打ち合わせを行った時、上海の表彰式で見た学生さんたちの様子とその時の感動を先生にお伝えしました。そしてある日、勇気を出して、「よろしければ日本語コンクールの開催を受け継ぎたい」と先生に申し上げると、「段さんがやってくれれば全面的に応援します」と快諾してくださいました。

大森和夫先生、弘子先生の温かい応援と指導の下、日本僑報社主催による第一回「中国人の日本語作文コンクール」は、二〇〇四年末に募集要項を確定し、翌二〇〇五年新春にスタート。以来毎年欠かさず開催しています。そして来年には、二十回目の開催を迎えようとしています。そして、大森和夫先生の体調が回復されたため、数年後に、『世界の日本語作文コンクール』を再開されました。

マスコミの取材を受けた時、「大森和夫先生、弘子先生のコンクールは私たちのコンクールの原点。大森和夫先生、弘子先生の応援がなければコンクールは生まれない」と説明しました。また、コンクールに応募してくる学生たちを多数輩出する団体賞

（五十作以上応募した学校に贈呈）受賞校の指導教師の中には、大森ご夫妻とご縁のある方も少なくありません。

私たちがコンクールを始め、今日まで続けてこられたのは、大森ご夫妻の活動あってこそです。厚く御礼申し上げます。

■本書について

二〇二三年新年号の（一社）日中友好協会機関紙「日本と中国」の名物コラムに、大森和夫先生、弘子先生に関するインタビュー記事が掲載されました。

「三十五年も続けて中国の日本語教育を支援してきたご夫妻の活動は、本当に凄い、一般の人はとうてい出来ないと思います」――読者からそのような声を聞かせていただきました。

そうした読者の声に感謝しながら、今年の書籍企画会議で、「大森ご夫妻の中国の日本語教育支援三十五周年記念出版として、日本語教師たちの作文指導法を書籍化しよう」と提案しました。編集部の賛同をいただき、早速ご夫婦に報告したところ、二十年前に頂いた言葉とほぼ同じ、「全面的に応援

日本と中国　第2272号　2023年1月1日　（第3種郵便物認可）　(16)

友好訪問

国際交流研究所所長大森和夫・編集長大森弘子ご夫妻に聞く

中国の日本語教育を支えて35年

2022年秋、日中国交正常化50周年記念出版として日本僑報社から刊行された『中国の日本語教育の実践とこれからの夢』と『中国の大学生〝日本への思い〟と〝心の叫び〟』の2冊が、日中両国で話題を呼んでいる。前者は「大森杯」日本語教師・教育体験手記コンクール受賞作品集で、後者は元朝日新聞記者で、国際交流研究所所長の大森和夫・編集長大森弘子ご夫妻の、34年にわたる「日中・日本語交流」の全記録である。二人三脚でこれだけ長期にわたって中国の日本語教育支援と中国との交流に尽力し続ける日本人夫婦の存在は、日中二千年以上の交流史においても大変珍しいと言われている。今回は、その大森ご夫妻に、日中交流についてお話を聞かせていただいた。【聞き手・段躍中】

――「中国との日本語交流活動」のきっかけは何だったんでしょうか。

和夫　35年前、新聞社の政治部記者をしていた時、東京大学大学院農学系に留学していた胡東旭君に出会ったのがきっかけです。バイトをしながら頑張っていた彼が、「日本が嫌いになり、日本に不満をもったまま帰国する留学生が多い」と話してくれました。日本にとっても残念なことであり、「一人でも多くの留学生が日本を好きになって祖国へ帰ってほしい。そのために、日本語で『日本と日本人』を知ってもらう活動をしたい」と考え、「夫婦だけの活動」を決意し、会社を辞めました。

――35年間の中国との日本語交流活動の内容についてお聞かせください。

弘子　日本語の「季刊誌【日本】」を作成し留学生らへの無料配布、「日本語作文コンクール」開催―この二つが出発点でした。「日本を理解してくれる人が一人でも増えれば、夫婦の小さな力が日本の国際交流に貢献出来る」と夢見て、「国際交流研究所」という名称にしました。活動は、ずっと、「自宅の四畳半で、夫婦だけ」でした。35年間に中国の大学などへ「季刊誌【日本】」など34万8千冊の日本語教材を寄贈し、通算25回の「日本語作文コンクール」の応募者は、中国から3万7千人でした。

――長い活動を通して、最も嬉しかった出来事は何でしょうか。

弘子　中国各地を40数回訪問しました。その間、「日本語作文コンクール」に入賞した学生や、寄贈した『日本語教材』を学んだ学生が、10年後、20年後に、『日本語教師』になって、若い学生に「日本語」を教えている姿に接した時の感動が忘れられません。

――日中平和友好条約締結45周年の節目の年にメッセージをお願いします。

和夫　世界の平和が地球人みんなの願いですが、それぞれの国家が存在する限り、「政治の対立」は避けられません。日中間にも「国家の壁」はあります。しかし、「日本語交流」を含めた幅広い「民間交流」を推進することによって、日中両国の人と人の理解が深まり、「政治の壁」を超えることが出来ると信じています。

【プロフィール】

◎大森和夫
昭和15年（1940年）東京都生まれ。早稲田大学政治学科卒。朝日新聞記者（大分支局、山口支局、福岡総局、大阪・社会部、政治部、編集委員など）を経て、平成元年（1989年）1月、退社。

◎大森弘子
昭和15年（1940年）京都府生まれ。京都女子大学短期大学部家政学科卒。京都府・漁家生活改良普及員（3年間）。

《活動》
HP（http://www.nihonwosiru.jp/）で、電子書籍「日本語教材『【日本】という国』」を無料公開など。

大森和夫先生、弘子先生のインタビュー記事（「日本と中国」2023年1月1日号）

します」の返信を頂戴しました。

早速今までに弊社のHPで掲載した、各地の日本語教師が書いた「作文指導法」をリスト化し、最も優れた三十本を厳選。これらは日中交流の第一線で頑張ってこられた先生たちの奮闘記であり、作文コンクールにおいて日本語指導に役に立つだけではなく、日中文化交流にも大変有益であるものです。

編集の過程において、ある先生から、「大森ご夫妻の貢献をこの本にも収録してほしい」という素晴らしい提案をいただき、ご夫妻のことを最も知っている日中両国の先生八名に「特別寄稿」の執筆をお願いしました。皆様はそれぞれの角度から、大森和夫先生、弘子先生の対中支援三十五年をより豊富に紹介して頂きました。執筆してくださった先生方に心から御礼を申し上げます。

また、昨年に弊社主催で開催した「大森杯」日本語教師・教育体験手記コンクールにおいて、「大森賞」を受賞された鈴木朗先生と陶金先生の表彰式での挨拶文も収録させて頂きました。

本書はご夫妻の三十五周年の足跡と、ご夫妻から学んだ生徒たちの学習の成果を一冊にまとめたものであり、日本語教育現場に置ける〝実用書〟でもあります。そして、中国人が日本語と日本文化を学び、日中相互理解を促進するための「精神的な糧」ともなる一冊といえるでしょう。

皆さまが本書を手に取り、大森ご夫妻の活動に興味を持っていただき、より多くの中国人が日本語と日本文化を知っていただけたら本望です。

■「大森精神」を未来へ

今年は日中平和友好条約締結四十五周年の節目の年。一九四〇年生まれの大森和夫先生は今年で八十三歳になります。

大森ご夫妻が追求してきたのは、中国や世界の人々が日本人と心を通じ合える文章力を身につけ、日本文化を知ってもらうことでした。そして、ご夫妻がいつも強調されていたのは、「中日友好の大切さ」です。先生の活動に初期から参加していた学生たちも、今では日本語教育者になり、ご夫妻の「大森精神」を受け継ぎ、日中相互理解促進のため日々頑張っています。私も日常的に日本語教師の皆さまと接していますが、ご夫妻が手がけた日本語教材の活用や、学生時代大森ご夫妻からご恩を受け、ご夫妻の「大森精神」を胸に教育現場に立っている方にお会いすることが少なくありません。また、弊社の「中国人の日本語作文コンクール」もまた、そうした「大森精神」を継承した活動の一環といえるでしょう。

だからこそ、大森ご夫妻の活動に参加し、弊社の書籍を含むご夫妻の著書を読み、ご夫妻に大きな恩がある中国の日本語学習者たちから、ご夫妻の活動と「大森精神」を一冊の書籍にまとめて歴史に残したい、という気持ちが大きな声として届いてきました。そして私自身も「大森精神」の継承者の一人として、これまでのご夫妻の足跡をまとめた集大成を世に出したいと思った次第です。

親から子へ血筋を受け継ぐように、教師から生徒へ、「大森精神」を代々伝え、これからも日中友好と相互理解促進のバトンを手渡していきたい——これが私たちの願いです。

■最後に

二〇二三年九月十三日付の朝日新聞「私の視点欄」に掲載された、大森和夫先生の執筆によるコラム「生成AIと作文 日本語学習に『両刃の剣』」を拝見し、大変感銘を受けました。「作文コンクールの」審査の難しさを指摘され、日本語学習者に「自分の言葉を使って日本語の文章力を高める努力を怠らないでほしい」と訴えられました。

大森先生ご夫妻は八十歳を超えた今もなお精力的に活動されているだけではなく、最新の科学技術のツールもよく存じ上げています。現代は世界の国々で社会のグローバル化が進み、世界各国の言語を「話す力」だけでなく、インターネットやSNSの普及によって、「書く力」への要求も更に高まっています。大森和夫先生、弘子先生の長年の日本語教育活動の原動力となったであろうその大きなエネルギーと研究熱心さに、心から敬意を表します。

ご夫妻のご健康とますますのご活躍を、心からお祈りいたします。

二〇二三年秋

東京都西池袋のオフィスにて

大森和夫・弘子先生の【中国の日本語教育支援・35年】

一・独自の「日本語教材『日本』」を作成、寄贈

㈠・1989年3月～1997年3月まで8年間、**季刊誌「日本語学習・情報誌『日本』」**（各号30頁前後）を33号まで発行、8年間に、計約40万冊を中国の約130以上の大学などに寄贈。

㈡・1995年に「日本語精読教材【日本】」（206頁）を出版、寄贈。その後、「大学用日本語教材【日本】」（上・387頁。下・460頁）、「新版日本語教材【日本】」（上・330頁。下・345頁）、「MP3付・日本語教材【日本】」（上・311頁。下・302頁）、「最新版、改訂版『日本語教材【日本】』」（252頁）、「日本語教材【新日本概況】」（252頁）。2022年に、**「日本語教材『【日本】という国』」**（240頁）を出版。中国の約140以上の大学に寄贈。

㈢・2016年以降～電子書籍・「日本語教材『【日本】という国』」を無料公開。
http://www.nihonwosiru.jp/（国際交流研究所のHP）

二・『日本語作文コンクール』を主催

㈠・1989年から1993年、「留学生『日本語作文コンクール』」を計5回主催。応募総数＝3,121編。
第一回（1989年）の一等賞は「中国の留学生・李春植」君（岡山大学）。

㈡・1993年から2014年まで、「中国の大学生・院生『日本語作文コンクール』」を計16回主催。応募総数2万2,781編。各回の表彰式会場は下記の通り。

- ・1993年「第一回」南開大学（天津市）・1994年「第二回」南開大学（天津市）
- ・1995年「第三回」遼寧師範大学（大連市）
- ・1996年～1998年「第四回」「第五回」「第六回」・北京大学（北京市）
- ・1999年「第七回」・洛陽外国語学院（洛陽市）
- ・2000年「第八回」・老寧師範大学（大連市）
- ・2001年「第九回」・南京農業大学（南京市）
- ・2002年「第十回」・北京大学（北京市）
- ・2003年「第十一回」・洛陽外国語学院（洛陽市）
- ・2004年「第十二回」・華東師範大学（上海市）
- ・2006年「第十三回」・北京日本学研究中心（北京市）
- ・2007年「第十四回」・上海外国語学院（上海市）
- ・2012年「第十五回」・北京市内のホテル
- ・2014年「第十六回」・在中国日本国大使館（北京市）

㈢・2016年から2023年まで、「世界の日本語学習者『日本語作文コンクール』を計5回主催。（第四回＝通算25回目は「俳句コンテスト」）。応募総数・3万6,660編（句）。

●「通算26回」の応募総数＝「86カ国・地域」から6万2,562編（句）

〜応募者の「約四分の三」が中国〜

○2022年＝大森賞・「世界の日本語学習者『日本語作文コンクール』」
（主催・笈川幸司先生）

○2022年＝大森杯「日本語教師・教育体験手記コンクール」（主催・日本僑報社）

三・「日中友好」に関するアンケート調査

1999年から2015年まで、中国の大学生、教師（日本語科）を対象に、アンケート調査を4回実施。各回、80 〜 172大学の計**3万9,225人から回答。**

四・その他

1・**1994年6月＝「日本経済—躍進の秘密・歩みと教訓」**（日本語と中国語と英語。大谷健著、曲維訳、蒋清訳）を出版。**約2,000冊**を中国の約40大学に寄贈。

2・**1996年3月＝遼寧師範大学（大連市）に「大森日本学習研究中心」**を寄贈。「図書・資料室（大森弘子文庫）」、「多目的教室」など約120平方メートル。4千冊以上の日本語図書（辞書、日本語教育、文学、文化、政治、経済など）。

3・**1996年10月＝上海市に日本語学校「上海朝日文化商務培訓中心」**を設立。10数年後、他に移管。

4・**1997年8月＝「日本経済的騰飛」**（日本語と中国語。大谷健著、曲維訳。上海訳文出版社）を出版。**約2,000冊**を中国の約50大学に寄贈。

5・**2003年4月＝**中国の若手・中堅の日本語教師8人に「**大森・優秀論文賞**」。中国日語教学研究会の学会誌「日語学習與研究」ん掲載された論文を対象に審査。遼寧師範大学（大連市）で表彰式。

＝＝＝＝＝＝＝＝＝＝＝＝＝＝＝＝＝＝＝＝＝＝＝＝＝＝＝＝＝＝＝＝＝＝

［出版物］（「日本僑報社」刊は191頁に）

「**私たちが見た裸のニッポン**」（朝日ソノラマ）。「**率直に言わせてもらいます**」（朝日ソノラマ）。「**中国の学生は主張する**」（スリーエーネットワーク）。「**日本が好きだから言いたい！**」（スリーエーネットワーク）。「**ユニークな『「日本文化」論』**」（朝日新聞出版）。「**『俳句』と日本語の夢**」（朝日新聞出版）。「**『世界の日本語学習者』と歩んだ『夫婦の35年』**」（朝日新聞出版）。

日本僑報社が刊行した【大森和夫・弘子先生の出版物】

年		頁数
二〇〇二	『中国の1万2967人に聞きました。』～「日中国交正常化30周年記念」アンケート調査～	五二四
二〇〇四	『中国の大学生2万7187人の対日意識』	一六八
二〇〇五	『「中国の大学生」発 日本語メッセージ』～『日本語作文コンクール』の入賞作・46編～	一八二
二〇〇七	『日中関係は？ 十年後の夢と今』	一七九
二〇〇七	『もう 日本を恨まない』中国の大学生の「主張と素顔」	二七二
二〇〇九	『大森和夫・弘子夫妻に聞く！ 中日交流』劉愛君（大連工業大学）・陶金（大連海事大学）共著	二九一
二〇一二	『中国の大学生が心にかける【日中の絆】』～中国の大学生56人の「日本語」提言～	一九九
二〇一三	『夫婦の「日中・日本語交流」』～四半世紀の全記録～	二一一
二〇一四	『日本に対する偏見が解けてゆく』～日本語教材【日本】の感想文コンテスト・入賞作文67編～	二〇三
二〇一五	『中国の大学生1万2038人の「心の叫び」』	二〇五
二〇一六	『日本語で日本理解を！ 夫婦の「手作り・日中交流」28年』	一四三
二〇一七	『【日本】って、どんな国？』～入賞作文101編（うち、中国人の入賞者・34人）～	二三三
二〇一九	『「日本」、あるいは「日本人」に言いたいことは？』～『世界の日本語学習者・日本語作文コンクール』（通算23回目）入賞作文65編（うち、中国人の入賞者・21人）～	一五〇
二〇一九	『「世界の日本語学習者」と歩んだ平成の30年間』	一八五
二〇二二	『中国の大学生〝日本への思い〟と〝心の叫び〟』～夫婦の「日中・日本語交流活動」34年」～	二三九
二〇二二	『中国の日本語教育の実践とこれからの夢』～「大森杯」日本語教師・教育体験手記コンクール」中国と日本の日本語教師29人の「入賞作」～	二五〇
二〇二三	『私の日本語作文指導法』日本語教師による体験手記 ～大森和夫・弘子先生「中国の日本語教育支援」35周年記念～（本書）	一九二

編者略歴

段 躍中（だん やくちゅう）

日本僑報社代表、日中交流研究所所長。

中国湖南省生まれ。有力紙「中国青年報」記者・編集者などを経て、1991年に来日。2000年新潟大学大学院で博士号を取得。

1996年日本僑報社を創立。以来、書籍出版をはじめ、日中交流に尽力している。

2005年1月、日中交流研究所を発足、中国人の日本語作文コンクールと日本人の中国語作文コンクール（現「忘れられない中国滞在エピソード」）とを同時主催。

2007年8月に「星期日漢語角」、2008年に出版翻訳のプロを養成する「日中翻訳学院」、2018年に「日中ユースフォーラム」を創設。

2009年日本外務大臣表彰受賞。

武蔵大学「2020年度学生が選ぶベストティーチャー賞」受賞。

現在北京大学客員研究員、湖南大学客員教授、立教大学特任研究員、武蔵大学非常勤講師、日本経済大学特任教授、湖南省国際友好交流特別代表（湖南省人民政府より）、群馬県日中友好協会顧問、中国新聞社世界華文伝媒研究センター「特聘専家（特別招聘専門家）」、埼玉県日中友好協会特別顧問などを兼任。

著書に『現代中国人の日本留学』『日本の中国語メディア研究』など多数。

詳細：http://my.duan.jp/

祝・日中平和友好条約締結45周年

大森和夫先生 大森弘子先生 中国の日本語教育支援35周年記念出版

私の日本語作文指導法 日本語教師による体験手記

2023年12月12日　初版第1刷発行

編　者　段躍中（だん やくちゅう）

発行者　段 景子

発売所　日本僑報社

〒171-0021 東京都豊島区西池袋3-17-15

TEL03-5956-2808　FAX03-5956-2809

info@duan.jp

http://jp.duan.jp

e-shop「Duan books」

https://duanbooks.myshopify.com/

2023 Printed in Japan.　ISBN 978-4-86185-339-5　C0036